U0789417

金陵全書

乙編·史料類

南京尚寶司志

（明）潘煥宿 編輯

南京出版傳媒集團
南京出版社

圖書在版編目（CIP）數據

南京尚寶司志 / (明) 潘煥宿編輯. -- 南京：南京出版社，2016.5

（金陵全書）

ISBN 978-7-5533-1289-7

Ⅰ. ①南… Ⅱ. ①潘… Ⅲ. ①國家機構 - 史料 - 南京市 - 明代 Ⅳ. ①D691.2

中國版本圖書館CIP數據核字(2016)第071043號

書　　名	**【金陵全書】**（乙編·史料類） **南京尚寶司志**
編 著 者	（明）潘煥宿　編輯
出版發行	南京出版傳媒集團 南　京　出　版　社
	社址：南京市太平門街53號　　郵編：210016 網址：http://www.njcbs.cn　　電子信箱：njcbs1988@163.com 淘寶網店：http://njpress.taobao.com　　天猫網店：http://njcbcmjtts.tmall.com 聯系電話：025-83283871、83283864（營銷）　025-83112257（編務）
出 版 人	朱同芳
出 品 人	盧海鳴
責任編輯	張　晶
裝幀設計	楊曉崗
責任印制	楊福彬
製　　版	南京新華豐製版有限公司
印　　刷	南京凱德印刷有限公司
開　　本	889毫米×1194毫米　1/16
印　　張	43
版　　次	2016年5月第1版
印　　次	2016年5月第1次印刷
書　　號	ISBN 978-7-5533-1289-7
定　　價	1300.00元

淘宝网店

天猫网店

總序

南京，俗稱金陵，中國著名的四大古都之一，是國務院首批公佈的國家歷史文化名城。

南京有着六十萬年的人類活動史，近二千五百年的建城史，約四百五十年的建都史，享有『六朝古都』『十朝都會』的美譽。南京歷史的興衰起伏在某種程度上可以説是中國歷史的一個縮影。在中華民族光輝燦爛的歷史長河中，古聖先賢在南京創造了舉世矚目、富有特色的六朝文化、南唐文化、明文化和民國文化，爲中華民族文化的傳承和發展作出了不朽貢獻。然而，由於時代的遞遷、戰争的破壞以及自然的損毀等原因，歷史上南京的輝煌成就以物質文化形態留存下來的相對較少，見諸文獻典籍的則相對較多。南京文獻内涵廣博，卷帙浩繁，版本複雜。截至一九四九年中華人民共和國成立，南京文獻留存下來的有近萬種，在全國歷史文化名城中名列前茅。以六朝《世説新語》《文心雕龍》《昭明文選》，唐朝《建康實録》，宋朝《景定建康志》《六朝事迹編類》，元朝《至正金陵新志》，明朝《洪武京城圖志》《金陵古今圖考》《客座贅語》，清朝《康熙江寧府志》《白下瑣言》，民國《首都計劃》《首都志》《金陵古蹟圖考》等爲代表的南京地方文獻，不僅是南京文化的集中體現，也是中華民族優秀傳統文化的重要組成部分。這些南京文獻，積澱貯存了歷代南京人民的經驗和智慧，翔實地反映了南京地區的社會變遷，是研究南京乃至全國政治、經濟、軍事、文化、外交和民風民俗的重要資料。

歷史上的南京文化輝煌燦爛，各類圖書典籍琳琅滿目。迄今爲止，南京文獻曾經有過三次不同程度的整理。

第一次是距今六百多年前的明朝永樂年間，明朝中央政府在南京組織整理出版了《永樂大典》。《永樂大典》正文二萬二千八百七十七卷，凡例和目録六十卷，分裝成一萬一千零九十五册，總字數約三億七千萬字。書中保存了中國上自先秦、下迄明初的各種典籍資料達七八千種，是中國古代最大的類書。

第二次是民國年間，南京通志館編印了一套《南京文獻》。《南京文獻》每月一期，從一九四七年元月至一九四九年二月共刊行了二十六期，收入南京地方文獻六十七種，包括元明清到民國各個時期的著作，其中收録的部分民國文獻今天已經成爲絶版。

第三次是二〇〇六年以來，南京出版社選取部分南京珍貴文獻，整理出版了一套《南京稀見文獻叢刊》點校本，到二〇一三年初，已經出版了三十六册七十一種，時代上起六朝，下迄民國，在學術普及方面作出了一定的貢獻。

新中國成立六十年來，尤其是改革開放三十年來，南京的政治、經濟、文化建設飛速發展，但南京文獻的全面系統整理出版工作一直没有得到應有的重視，這與南京這座國家歷史文化名城的地位頗不相稱。據調查，目前有關南京的各類文獻主要保存在南京圖書館、南京市檔案館，以及全國各地的高等院校、科研院所、圖書館、檔案館、博物館，少數流散於民間和國外。一方面，廣大讀者要查閲這些收藏在全國各地的南京文獻殊爲不便；另一方面，許多珍貴的南京文獻隨着歲月的流逝而瀕臨損毁和失傳。南京文獻的存史、資治、教化、育人功能没有得到應有的發揮。

盛世修史（志）。在中華民族和平崛起和大力弘揚民族傳統文化、全力發展民族文化事業的大背景下，在建設『文化南京』的發展思路下，中共南京市委、南京市人民政府於二〇〇九年十二月作出决定，將南京有史以來的地方文獻進行全面系統的匯集、整理和影印出版，輯爲《金陵全書》（以下簡稱《全書》），以更好地搶救和保護鄉邦文獻，傳承民族文化，推動學術研究，促進南京文化建設；同時，也更爲有効地增加南京文獻存世途徑，提昇南京文獻地位，凸顯南京文獻價值。

爲編纂出能够代表當代最高學術水平和科技成就，又經得起時間檢驗的《全書》，我們將編纂工作分成三個階段進行。第一個階段爲調研階段，主要對南京現存文獻的種類、數量、保存現狀以及收藏地點等進行深入細緻的調研，召集專家學者多次進行學術論證和可操作性論證，撰寫出可行性調查報告，爲科學决策提供依據，此項工作主要由中共南京市委宣傳部和南京出版社組織完成。第二個階段爲啓動階段，以二〇〇九年十二月二十四日召開的『《金陵全書》編纂啓動工作會』爲標志，市委主要領導親自到會動員講話，市委宣傳部對《全書》的編纂出版工作作了明確部署。在廣泛徵求專家學者意見的基礎上，確定了《全書》的總體框架設計，確定了將《全書》列爲市委宣傳部每年要實施的重大文化工程，確定了主要參編責任單位和責任人，並分解了任務。第三個階段爲編纂出版階段，主要在全國範圍内進行資料的徵集、遴選和圖書的版式設計、複製、排版及印製工作。

爲了確保《全書》編纂出版工作的順利進行，中共南京市委、南京市人民政府成立了專門的編纂出版組織機構。其中編輯工作領導小組，由中共南京市委、市政府領導以及相關成員單位主要負責人組成；《全書》的編纂出版工作由市委宣傳部總牽頭；學術指導委員會，由蔣贊初、茅家琦、梁白泉等一批全國著名的專家學者組成，負責《全書》的學術審核和把關。

《全書》分爲方志、史料和檔案三大類。自二〇一〇年起，計劃每年出版四十册左右。鑒於《全書》的整理出版工作難度較大，周期較長，在具體操作中，我們採取了分工協作的方式。市委宣傳部和南京出版社負責《全書》的總體策劃，其中方志部分，主要由南京市地方志編纂委員會辦公室和南京出版傳媒集團·南京出版社共同承擔；史料部分，主要由南京圖書館承擔；檔案部分，主要由南京市檔案局（館）承擔。《全書》的編輯出版，得到了江蘇省文化廳、江蘇省新聞出版局、江蘇省檔案局（館）、南京大學、南京圖書館、南京市文廣新局、南京市社科聯（社科院）、南京市文聯、金陵圖書館以及各區委宣傳部和地方志辦公室等單位及社會各界的熱情鼓勵和大力支持，尤其是得到了中國國家圖書館和全國各地（包括港臺地區）高等院校、科研院所、圖書館、檔案館、博物館等藏書單位的鼎力相助，在此表示深深的謝意！

我們相信，在中共南京市委、南京市人民政府的長期不懈支持下，在各部門、各單位的積極配合和衆多專家學者的共同努力下，這項功在當代、利在千秋的傳世工程一定能够圓滿完成。

《金陵全書》編輯出版委員會

凡例

一、《金陵全書》（以下簡稱《全書》）收録的南京文獻，依内容分爲方志、史料和檔案三大類。

二、《全書》按上述三大類分爲甲、乙、丙三編，以不同的封面顔色加以區分；每編酌分細類，原則上以成書時代爲序分爲若幹册，依次編列序號。

三、《全書》收録南京文獻的範圍，以二〇一三年南京市所轄十一區，即玄武、秦淮、建鄴、鼓樓、浦口、六合、棲霞、雨花臺、江寧、溧水和高淳爲限。

四、《全書》收録的南京文獻，其成書年代的下限爲一九四九年。

五、《全書》收録方志和史料，盡量選用善本爲底本。《全書》收録的檔案以學術價值和實用價值較高爲原則，一般選用延續時間較長、相對比較完整的檔案全宗。

六、《全書》收録的南京文獻底本如有殘缺、漫漶不清等情況，必要時予以配補、抽换或修描，以保證全書完整清晰；稿本、鈔本、批校本的修改、批注文字等均保留原貌。

七、《全書》收録的南京文獻，每種均撰寫提要，置於該文獻前，以便讀者了解其作者生平、主要内容、學術文化價值、編纂過程、版本源流、底本採用等情況。

八、《全書》所收文獻篇幅較大時，分爲序號相連的若幹册；篇幅較小的文獻，則將數種合編爲一册。

九、《全書》統一版式設計，大部分文獻原大影印；對於少數原版面過大或過小的文獻，適當進行縮小或放大處理，並加以説明。

十、《全書》各册除保留文獻原有頁碼外，均新編頁碼，每册頁碼自爲起訖。

提要

《南京尚寶司志》二十卷，明潘煥宿編輯。

關于潘煥宿，目前學界所知甚少。著録《南京尚寶司志》的書目，涉及乃至專論《南京尚寶司志》的文章，或徑云不知其人，或據《南京尚寶司志》署『雲間潘煥宿編輯』、傅宗皐《南京尚寶司志序》『生寔績學而恬于行，可以仰副編摩之託』、潘煥宿《南京尚寶司志跋》『宿先臣嘗廁三事之末，備于宣之司，世受國恩』云云，推定其為上海人，諸生，家世頗為顯赫。至于其人，則直云其生平不可考。

考察傳世文獻，潘煥宿的家世生平可以略有所得。潘煥宿，字辰如，一字明宇，南直隸松江府上海（今上海市）人。南京國子監監生。天啟二年（一六二二），為南京尚寶司卿傅宗皐所聘，修《南京尚寶司志》，書成準貢，授山東青州府通判。崇禎元年（一六三一）正月，兼署青州府所屬臨朐知縣，據光緒《臨朐縣志》卷一三載：『縣有巨猾，恃中朝大璫奥援，齮齕良儒。臺使檄縣密捕，率畏禍莫敢發。煥宿至，毅然曰：「當官一日，盡一日責耳！雖五日京兆，終不計利害徇狗鼠矣！」力勒健役捕至，盡法懲之。在官二十日，受代者至，還郡，士民塞道攀留。』官至周王府長史。父親潘元昇，原名士彦，字公旭，官南京光禄寺典簿。祖父潘允達，字叔兼，監生，官慶陽府通判。曾祖潘惠，官溫州府通判。潘惠有一兄二弟。兄潘恩，嘉靖二年（一五二三）進士，歷官浙江左布政使、河南巡撫、刑部侍郎、南京工部尚書、刑部尚書、左都御史等，卒贈太子少師，謚恭定，《明史》有傳。弟潘忠、潘恕。潘忠，嘉靖十三年舉人，官至刑部郎中。潘恕，官至光禄寺監事。潘恩三子：長子潘允哲，嘉靖四十四年進士，官至陝西督學；次子潘允端，嘉靖四十一年進士，官至四川右布政使；三子潘允亮，官後府都事。這也就是所載『宿先臣嘗廁三事之末，備于宣之司，世受國恩』的註腳。（嘉慶《上海縣志》）

《南京尚寶司志》的編纂緣起，傅宗皐序、潘煥宿跋中已經說得很明白。天啟二年，朝廷纂修神宗、光宗兩朝實録，派出宫詹董其昌督促南京各官署提供

『故實』，『以備史館採擇』，南京尚寶司無舊志，而修志本來就是主官的政績之一，于是纂修司志成了一舉而兩得的事情。這從《南京吏部志》《南京都察院志》等官署志的纂修也可以得到佐證。

至于為何選聘身為南京國子監監生的潘煥宿修志，可能主要基于兩個方面的原因。一方面，潘煥宿學養足以承擔修志之責，事實上潘煥宿的確不負所託，『攜鄴架之藏與通都名山之副且傳者，殫精采輯，四閱月而編就』。且以監生修官署志，潘煥宿并非獨例，《南京吏部志》即由監生王逢年主纂，《南京都察院志》也由監生施沛協修。另一方面，潘煥宿的家族背景亦不可忽略。上海潘氏自嘉靖年間潘恩崛起，至明末已成巨族，世代官宦，富甲一方，有『潘半城』之稱。監生修志書成，依慣例可以準貢，獲得出仕的機會，家族自然會努力爭取。而傅宗皋的座師董其昌，與潘氏關係密切。因此，傅宗皋選聘潘煥宿編修司志，也就在情理之中了。

《南京尚寶司志》四閱月而編就，其成書之快，在南京諸官署志編纂中為最。除了編修者的努力之外，可能的原因有二：其一，南京尚寶司是掌管寶璽、符牌、印信的官署，職掌比較單純，且永樂遷都之後，南京尚寶司已無寶璽、符牌、印信可掌，司務極為清閑，因而司志的規模相應較小；其二，南京尚寶司雖無舊志，但弘治年間南京尚寶司卿韓鼎所撰《尚寶司實録》，歷任官員對相關事宜多有記載留在官署，這都為編志提供了較為翔實而系統的資料，便于採輯。

《南京尚寶司志》二十卷，卷前有傅宗皐序、考據書目、凡例、目録，卷末有潘煥宿跋。全書分十八志，依次志寶璽、符牌、印信、律令、建置、秩官、公署、職守、事例、儀規、服器、俸直、公帑、什物、衙役、歷官、藝文、宦蹟。除了宦蹟志為三卷外，餘各一卷，分類細緻而允當。各志前有序，後有讚，體制謹嚴。作為唯一傳世的有關尚寶司的專志，其內容之全面、材料之豐富、志事志物源流之清晰，足見其不凡的文獻價值和史料價值。就結構而言，宦蹟一志規模據全書之半，長處是提供了豐富的史料，短處則是比例失衡，似欠裁剪鎔鑄之工。

《南京尚寶司志》有明天啟三年刻本，《千頃堂書目》《明史·藝文志》

《傳是樓書目》《中國古籍善本書目（史部）》《中國古籍總目（史部）》著録者均為此本。南京圖書館藏有該刻本的傳世孤本。此本曾先後為清代官員英和、近代學者朱希祖收藏。國家圖書館則藏有此本的民國二十三年影印本殘本（存八卷）和縮微膠片。《金陵全書》收録的《南京尚寶司志》以南京圖書館藏明天啟本為底本原大影印出版。

陳敏傑

南京尚寶司志序

今上御極之二年肇修
兩朝實錄而
神廟享祚幸永諸班朝莅官彰憲
申令其在南中部院府寺垣司
彬彬莫可殫述當事虞其或湮

相與檢故牘選胄士付之編摩以明庶司之職守而備萬禩之徵信志籍犁然具舉矣南符司事雖簡舊無志存似不可已阜受事意在舉之既而　座師宮詹董思翁銜

命來南畢纂脩之務輾然曰是烏可以已也皐退而思之

璽符職秩兆於

聖祖開天定制迨

成祖文皇帝

握璽而北

符牌在南官司職守至今無改卽有以意替改如五府宿直勳裔督帥始而爭進止於司署已而漸屑越於卯酉歷內江金谿諸公咸力持之紀其事于壁版至于今勿渝麼然安知後無逸其

事而遺其版者乎即弁鍪之於符牌稽驗亦然愚因是憶金谿吳公所述古人居一職豈敢苟然爲嗚呼余其敢輟司志耶然事蹟繁瑣考覈不易莫有勝其任者訪聘潘生焕宿生寔績學而

恬於行可以仰副編摩之託臯
見而喜之潘生於是携鄰架之
藏與通都名山之副且傳者殫
精采輯四越月而編就凡二十
卷首
寶璽崇神器也欽

符牌謹譏察也次印信志篆鏤之
所由辨次律令明勑法之始乎
嚴追建置而
皇祖之芳猷可掬分秩官而陛級
之低昂不紊紀公署而舊直之
房楹宜葺表職守而政務無旁

落中事例而率由無愆忞著儀
規而綜覈有據載服器而度數
罔渝列俸直而廩餼畫一懸公
帑而出納必稽登什物而蠹蝕
消定徭役而公旬肅譜歷官而
知名臣之接踵輯藝文而知學

業之菁英彙政蹟而景先喆之型範薈皆參合規條博綜簡牒試循次而遍閱焉眞有旁採弗繁比類非贅足以裨符司之攷鏡者是潘生之能其事余得藉手以永其傳不甚幸乎遂以付

之剞劂謬一言以弁簡首然愚因是有感焉凡志籍所載皆
高皇帝經緯之法法至於今弗廢
即
大聖人之精神歷于久而彌新豈止符司爲然哉即中朝外服寘

夏訖夷無非法即無非神也迺
精神之所衍遞浹于
神孫萬禩愚以爲
舊宮之
奉先殿宜仍焉往嘗代置南臺閱
以請于

神廟未奉
允行今得日趨蹌于軒墀環顧乎
合抱拱把輒不勝翹雲戴日之
想安得
聖聖相承
膺符

御籙億萬斯年常如
大寶初握爲世宙精明之盛會哉
則亦惟
今上之所盎衍臣愚敬拜手以祈
是爲序
旹

龍飛天啟三年清和吉日
賜進士第奉政大夫南京尚寶司
卿修正庶尹豐城傅宗皐謹識

考據書目

高皇帝御製文集　皇明祖訓

御製大誥　大誥續編

大明律令　洪武禮制

禮儀定式　歷朝實錄

三朝聖諭錄　五倫書

世廟識餘錄　嘉隆聞見錄

大明官制　大明會典

皇明通紀　聖政記

翊運錄　　皇明政要

國初事蹟　　龍飛紀略

革除遺事　　天順日錄

開國功臣錄　　五經集註

春秋左傳　　春秋胡傳

周禮　　史記

漢書　　晉書

唐書　　宋史

五代史　　元史

温公通鑑　朱子綱目
杜氏通典　文獻通考
唐類函　百家類纂
經濟類編　大明一統志
各部志　都察院志
太僕寺志　光祿寺志
鴻臚寺志　應天府志
功臣志　舊京詞林志
詞林人物考　名臣言行錄

獻徵錄　列卿紀
群書類考　吾學編
郁離子　歷代名臣奏議
馬端肅奏議　孫毅菴奏議
渭厓疏要　胡端敏奏議
燕對錄　草木子
枯樹裒談　水東日記
筆乘　菽園雜記
雙槐歲抄　寓圃雜記

餘冬序錄　枝山野記
病逸漫記　雙溪雜著
震澤長語　困知記
瑯琊漫抄　懸笥瑣探
青溪暇筆　傳信錄
瑣綴錄　古今識鑒
丘文莊集　默菴集
雲山稿　靜軒卷
退思集　北征訓子編

李空峒集　何大復集

楊升菴集　陳琴軒集

弇山堂四部稿　弇山堂別集

太函集　李滄溟集

存笥稿　王陽明集

楊碧川集　徐子與集

薛考功集　陳後岡集

唐荊川集　鬱儀樓集

豐對樓集　羅圭峰集

陳白沙集　楊文恪集

羅一峰集　吳匏菴集

大泌山人集　斗菴集

尚寶司實錄　余行之集

五岳山人稿　楊文懿集

考據書目終

南京尚寶司志 書目 四

南京尚寶司志

凡例

一夫志識也識事謂之史識言謂之書合事與言與地與人而識之謂之志

明興以來人文蔚起一統有志郡邑有志山川之名勝有志猗歟盛矣獨兩京部院寺司各衙門或有或無識者恨之茲天啓二年恭遇

神宗皇帝

光宗皇帝兩朝實錄凡政事之在南中者無從考
覈北咨到部採取大小九卿衙門事實
一時撰述犂然具舉第本司舊無志書
自永樂十八年
成祖皇帝遷都于燕政務盡歸北司南曹似屬清
簡然
太祖高皇帝締造之初諸凡規制盡在南中
聖子
神孫法

祖攸行羹牆陟降何敢忽之而不講非如各衙門原有成書無庸再述爲者故每款必先申明

祖制而後及近事其於所謂事與言地與人未知何如要之一以備史館纂輯之資一以備居官考究之實非故掇拾北事爲贅疣也

一本司所重者在崇護

寶璽稽察

符牌而印章事體職在禮工兩部雖有數事相關

非所急也然互相糾察

太祖自有深意茲不敢忽亦具述之以資參考云

一本司職奉

璽符以承

臨御其禮儀制度之詳載在實錄會典官制諸書

臚列明白可考者茲已薈撮靡遺矣獨

是南司官守之展錯廨宇之建置錢穀

之出入器用之稽較無志可考遂不免

有溷淆之弊如豫章吳公毅齋劉公所存舊規數條僅得其大槩即二公所著序中不能不興慨於斯也茲爲逐一查明分别條款備載故實以資考覈其無可証據者姑缺之以俟後之君子

一本司涖任諸公類皆名碩一應事蹟遺軼者多徵信者罕故有實錄所不載者或得之家乘碑銘所不載者或得之稗官凡有可考茲盡錄之惟楊公榮在

文廟未遷之前任本司事猶其在南中也故亦附錄焉景行思齊吾人雅志非敢附於左孤之筆聊以昭載事之實云耳其北遷以後不係官於南中無關本司事體者不載

一本司自南北分曹政事較簡然根本重地先朝宮闕原廟所在鎖鑰封閉巡視警察至重任也第其間詳細節目苦無典籍可考或

致掛漏非煥宿敢辭疎畧之罪惟
高明進而教之至若秉如椽之筆以潤色
其不逮是於
大君子有望焉

凡例終

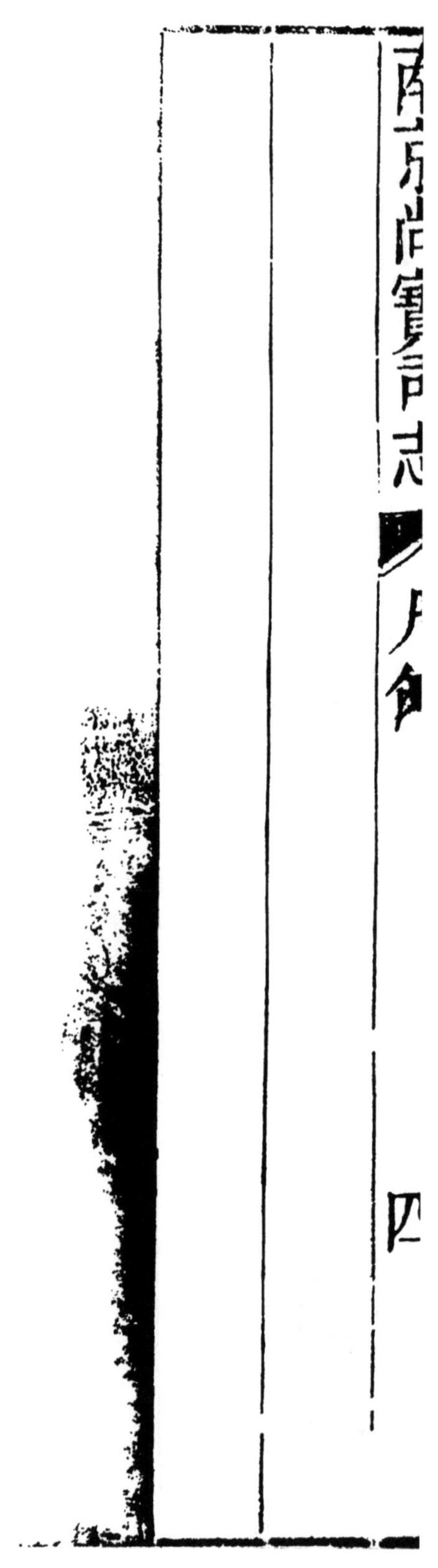
南京尚寶司志　序
四

南京尚寶司志目錄

第一卷
寶璽志
第二卷
符牌志
第三卷
印信志
第四卷
律令志

第五卷
建置志
第六卷
秩官志
第七卷
公署志附住宅
第八卷
職守志
第九卷

事例志
第十卷
儀規志
第十一卷
服器志
第十二卷
俸直志附監吏
第十三卷
公帑志

第十四卷
什物志
第十五卷
衙役志附工食
第十六卷
歷官志
第十七卷
藝文志
第十八卷

宦蹟志
第十九卷
宦蹟志
第二十卷
宦蹟志

目録終

南京尚寶司志卷之一

雲間潘煥宿編輯

寶璽志

夫尚寶之置以護
朝廷寶璽至重任也
皇上敬
天勤民修政立事于是焉賴自
太祖高皇帝定鼎金陵洪武元年置尚寶司秩正
五品而所司

御寶厥有常數永樂十八年
成祖文皇帝遷都於燕事權雖皆歸於北而
聖制本司尚有專官郎秩清事簡其於
太祖眘毖符璽之心無二致也况未遷以前原係
本司所職故錄舊製顆數寶名而嘉靖十八
年續製者兹亦附錄以備參考志

寶璽第一

一洪武元年初

上欲製寶璽而未得玉有賈浮湖海適至聞

上即位以美玉來
獻云此于闐寶玉也自其祖父相傳云當爲
帝王傳國之寶
上喜以示玉工果良玉即
命制爲璽
一舊製
寶璽拾柒顆
皇帝奉天之寶
皇帝之寶

皇帝行寶

皇帝信寶

天子之寶

天子行寶

天子信寶

制誥之寶

勅命之寶

廣運之寶

御前之寶

皇帝尊親之寶

皇帝親親之寶

敬天勤民之寶

表章經史之寶

欽文之璽

丹符出驗四方

一嘉靖十八年續製柒顆

奉天承運大明天子寶

大明受命之寶

巡狩天下之寶

垂訓之寶

命德之寶

討罪安民之寶

勑正萬民之寶

皇太子寶壹顆

附用寶定例

按寶之命名既異則寶之爲用不同

國典有常不可紊也粤稽

祖制赫然具備掌厥職者敢混淆以取戾乎兹考

覈其所用以俟當事者脊飭焉

一

奉天之寶爲唐宋傳璽祀

天地用之

一

皇帝之寶詔赦用之

一

皇帝行寶立封賜勞用之

一

皇帝信寶

詔親王大臣調兵用之

一

皇帝尊親之寶冊上

尊號用之

一

皇帝親親之寶

勑諭親王用之

一 天子之寶祀山川鬼神用之

一 天子行寶封四夷及賜勞用之

一 天子信寶詔外夷調兵用之

一 制誥之寶一品至五品制用之

一　勅命之寶六品至九品勅用之

一　廣運之寶勅獎臣工用之

一　敬天勤民之寶勅諭來朝臣用之

一　御前之寶

一　表章經史之寶

一
欽文之璽則文史等用之

一嘉靖中新製柒顆

一
奉天承運大明天子寶

一
大明受命之寶

一
巡狩天下之寶

一

垂訓之寶

一

命德之寶

一

討罪安民之寶

一

勑正萬民之寶

讚曰

金繩玉檢表信神祇光照洞徹鳥篆鼻螭
垂拱
既壽且康荷天之寵曆祚綿延萬年

卷之一終

南京尚寶司志卷之二

雲間潘煥宿編輯

符牌志

古者天子出入警蹕防非常也夫淸道而後行中路而後馳猶懼胡越起於輦下然則萬乘之尊安得不遠禍於未萌而避患於無形乎哉懸帶符牌意固遠矣其初制之在舊典者固不敢湮沒而新規之在南都者玆復爲表章具載如左志

符牌第二

一凡

郊祀本司隨寶供事官各帶班匠二名牽馬仍行

錦衣衛關領天字號隨

駕牌二面懸帶事畢隨即交還

一凡祀享

郊

廟

社稷及

看牲

視學

耕籍公矦伯勳衛錦衣衛并金吾等二十衛官扈

駕巡綽各赴本司領金牌懸帶

一凡祀享

郊

廟

社稷及

神祇等祭陪祀供事官及執事人等入壇俱赴本

司關領牙牌祭畢隨即繳入

附領牌例

圓花牌陪字壹號至叁百伍拾號陪祀

官領

長花牌供字壹號至叁百捌拾號供事

官領

長素牌執字壹號至壹千肆百柒拾號

執事人領

一凡

駕詣

陵寢或

巡狩行帶扈從文武官各赴本司領小牙牌懸帶

文字武字各壹號起至五百號止不書

職銜

一凡

皇后行親蠶禮先期文官四品以上武官三品以

上命婦及使人各具手本於本司關領

牙牌

附牌製

花圓牌陪字壹號至貳百號止

烏形長牌供字壹號起至拾貳號止

一凡

親王之國及鎮守巡撫等官奏請符驗俱從兵部奏行本司覆奏關領如在外鎮守等官事故去者則付所在官司收貯候更代者就彼付領每年終各處具由奏報查考

附符驗製

上織船馬之狀起馬者用馬字號起船者用水字號起雙馬者達字號起单馬者通字號起站船者信字號

一凡朝叅官牙牌字號

公矦伯勳字號

駙馬都尉親字號

文官文字號

武官武字號

教坊司樂字號

其工部營繕所等衙門帶俸匠作等及錦衣衛所帶俸見在御馬尚膳内官等監局寄名供事等不係朝參官嘉靖二十八年題准改造凡入内官字樣牙牌即以官字編號

一凡每日五府都督壹員率領旗手等貳拾衛帶刀千百户壹員夜巡内皇城點閘鋪軍各赴本司領金牌并申字拾柒

號令牌壹面

一凡每三日金吾等貳拾衛各輪官肆員

計每班肆拾員領金牌隨朝巡綽畢仍

赴司點閘

一凡侯伯駙馬壹員專管府軍前衛帶刀

官貳拾員每日上直又侯伯壹員專管

圍子手將軍每夜上宿又中軍都督府

都督壹員專管大旗下五軍官員將軍

陞百貳拾伍人又都督壹員專管勇士

又都指揮壹員專管傳令又刀手又矦伯駙馬壹員專管大漢將軍又錦衣衛

當

駕官指揮壹員千戶貳員百戶拾員叁日輪班上直各赴本司關領金牌

附牌製

面上鑄仁義禮智信伍字號下鑄守衛貳篆字背鑄凡守衛官軍懸帶此牌等貳拾肆字

附領牌例

仁字壹號至肆拾號止俱龍形公矦駙

馬領

義字壹號至伍拾號俱虎形指揮勳衛

領

禮字壹號至壹百伍拾叁號俱麒麟形

千戶領

智字壹號至叁百叁拾號俱獅子形百

戶領

信字壹號至壹千陸拾玖號俱祥雲形

將軍領

一凡金吾等貳拾衛守衛官夜巡各赴本

司關領令牌

附領牌例

中字壹號至肆號肆面午門指揮貳員

千戶貳員領

中字伍號至捌號肆面長安左右門各

指揮貳員千戶壹員東華門指揮壹

員千戶壹員領
申字玖號至拾貳號肆面西華門指揮
壹員千戶壹員領
申字拾叁號至拾陸號肆面玄武門指
揮壹員千戶壹員領
一凡留守伍衛巡城官并金吾等貳拾衛
守衛官各赴本司關領銅符
附領符例
留守伍衛

承字東字西字北字號肆面留守伍衛

指揮領

其字號俱左半字

金吾等貳拾衛

承字號壹面端門承天門指揮貳員千

戶壹員領

東字號壹面東安門指揮壹員千戶壹

員領

西字號壹面西安門指揮壹員千戶壹

員領

北字號壹面北安門指揮壹員千戶壹

員領

其字號俱右半字

以上俱與留守衛比對銅符字號相同

方許點閘

一凡領金牌夜巡點閘每日上直每夜上

宿者次早繳入輪班三日者班滿繳入

非扈

駕不許帶出

皇城違者送問

一凡

皇城九門守衛軍與圍子手各帶勇字號銅符計

貳萬伍拾伍面

一凡五城兵馬指揮使夜巡每日一城輪

官貳員赴本司領令牌次早繳入不到

者指名叅奏

附領牌例

木字壹號貳號貳面東城兵馬指揮司

領

金字壹號貳號貳面西城兵馬指揮司

領

土字壹號貳號貳面中兵馬指揮司領

火字壹號貳號貳面南城兵馬指揮司

領

水字壹號貳號貳面北城兵馬指揮司

領

一凡錦衣衛上直校尉俱赴本司領嚴字號雙魚銅牌

一凡光祿寺吏典厨役遇大祀該班者俱赴本司領善字號雙魚銅牌

一凡東宮侍衛官員將軍該侍衛日俱赴本司領牌

一凡信符金牌永樂三年始置以給雲南徼外土官其制銅鑄信符伍面内陰文者壹面上有文行忠信肆字與肆面令

編某字壹號至壹百號批文勘合底簿
其字號如車里以車字爲號緬甸以緬
字爲號陰文信符勘合俱付土官底簿
付雲南布政使司其陽文符信肆面藏
之
内府凡
朝廷遣使有齎陽文信符至布政比同底簿方遣
人送使者以往土官比同陰文信符及
勘合即如

命奉行信符之發一次以文字號二次以行字號
次忠信周而復始凡有信符而無批文
有批文而無信符者即係詐僞許擒之
赴
京問以死罪
一弘治九年申明舊例凡
欽命文武大臣出外公幹該請符驗者兵部具手
本赴尚寶司轉行印綬監於寶簿内塡
註所領官員職名親領應用還日竟自

奏繳

以上俱係舊制其會典所載南京尚寶司

符牌等項開後

一凡符牌等項南京官軍人等隨

駕至行在給與懸帶南京兵部因移文南京工部

改造木牌其制俱與銅牌同轉送本司

給與守衛夜巡并點閘官軍其後凡有

失落損壞者成造如前

計長木牌壹百面

飛字壹號起伍面

效字叁號壹面

横字伍號壹面

辰字壹號起伍面

棠字叁號壹面

沛字肆號壹面

愼字壹號伍面

日字叁號肆號貳面

耻字肆號壹面

爵字壹號壹面

滅字壹號起肆面

圖字壹號壹面

潔字肆號壹面

玖字叁號伍號貳面

手字壹號壹面

楚字貳號壹面

拜字貳號起肆面

仕字叁號壹面

雕字壹號起伍面

荒字伍號壹面

近字壹號壹面

兹字壹號壹面

賤字壹號壹面

求字貳號壹面

得字叁號壹面

署字肆號壹面

禪字肆號伍號貳面

櫜字肆號壹面

甲字壹號起伍面

多字貳號伍號貳面

落字叁號肆號貳面

孟字叁號肆號貳面

道字壹號起伍面

率字貳號起肆面

庭字壹號起肆面

匪字壹號起肆面

篤字壹號起肆面

宿字壹號起肆面

碣字壹號壹面

辭字壹號起叁面

清字肆號壹面

鬱字肆號壹面

殿字肆號壹面

能字貳號壹面

兄字貳號壹面

毁字貳號壹面

邇字叁號伍號貳面

罪字叁號壹面

居字伍號壹面

遣字壹號壹面

計小木牌貳千玖百壹拾陸面

旗手字壹號起貳百陸拾玖面

府軍字壹號起貳百柒拾面

府左字壹號起貳百伍拾伍面

府右字壹號起叁百陸拾肆面

府後字壹號起貳百叁拾伍面

金左字壹號起柒拾柒面

金右字壹號起壹百肆面

金前字壹號起貳百捌拾陸面

金後字壹號起貳百貳拾伍面

羽左字壹號起貳百肆拾伍面

羽右字壹號起貳百陸拾面

羽前字壹號起伍拾面

虎左字壹號起貳百陸拾陸面

讚曰

符分銅虎將卧龍沙出入防衛爲王爪牙

治績懋著玉麟洊加守而勿失干城兎罝

卷之二終

南京尚寶司志　卷之二

南京尚寶司志卷之三

雲間潘煥宿編輯

印信志

尚寶之設雖以護
寶璽然各衙門印章事體亦有相關者自永樂十
八年以前本司受任綦重舊制猶存
高皇帝寶式靈之敢曰已廢之典章置弗講乎茲
具述于左且附錄各衙門印信規制以備稽
考志印信第三

一凡
巡狩行幸各衙門俱赴尚寶司關領行在各衙門
印信

一凡監察御史出差巡按清軍巡鹽巡茶
巡倉巡河巡捕盤糧勘事等項俱赴尚
寶司領印如本道印領盡奏過方許借
領別道印其南京御史從都察院差者
許在京對道御史代領俱事畢繳還

一凡各衙門印信工部給銅於禮部鑄印

局造印

一永樂十八年九月　日

上命行在禮部自明年正月初一日始正北京為

京師不稱行在各衙門印有行在字者悉送印

綬監令預遣人取南京各衙門印給

京師各衙門用南京衙門皆加南京二字別鑄

印遣人齎給

附印信制度開後

一征西鎮朔平羌平蠻等將軍銀印虎鈕

方叁寸叁分厚玖分柳葉篆文

一宗人府五軍都督府俱正一品銀印三臺方叁寸肆分厚壹寸

一六部都察院并在外各都司俱正二品銀印貳臺方叁寸貳分厚捌分

一衍聖公張眞人中都留守司俱正二品各布政司從二品銀印貳臺方叁寸壹分厚柒分

景泰三年賜衍聖公叁臺銀印

一順天應天二府俱正三品銀印方貳寸玖分厚陸分伍釐

一通政大理寺太常寺詹事府及京衛并在外各按察司各衛俱正三品苑馬寺宣慰司俱從三品銅印方貳寸柒分厚陸分

一太僕寺光祿寺并在外各鹽運司俱從三品銅印方貳寸陸分厚伍分伍釐

一鴻臚寺并在外各府俱正四品國子監

并在外宣撫司俱從四品銅印方貳寸伍分厚伍分

一翰林院左右春坊尚寶司欽天監太醫院上林苑監六部各司宗人府經歷司并在外各王府長史司各衛千戶所俱正五品司經局五府經歷司并在外招討司安撫司俱從五品銅印方貳寸肆分厚肆分伍釐

一在外各州從五品銅印方貳寸叄分厚

肆分

一都察院經歷司大理寺左右寺正五城兵馬司大典宛平上元江寧各京縣及僧錄司道錄司并在外中都留守司經歷司斷事司各都司經歷司斷事司各衛百戶所長官司及各王府審理所俱正六品銅印方貳寸貳分厚叁分伍釐

一吏科等六科行人司通政司經歷司工部營繕所太常寺典簿廳上林苑監蕃

育等署并在外各按察司經歷司各縣
俱正七品中書舍人順天應天府經歷
司京衛經歷司光祿寺典簿廳太僕寺
詹事府各主簿廳并在外各衛經歷司
鹽運司經歷司苑馬司主簿廳宣慰司
經歷司俱從七品銅印方貳寸壹分厚
叁分

一戶部刑部都察院各照磨所兵部典牧
所國子監繩愆廳博士廳典簿廳鴻臚

寺欽天監各主簿廳并在外各布政司
照磨所各府經歷司及各王府紀善典
寶典膳奉祀良醫工正各所宣撫司經
歷以上正從八品俱銅印方貳寸厚貳
分伍釐
一刑部都察院各司獄司順天應天二府
照磨所司獄司鴻臚寺司儀署司賓署
國子監典籍廳上林苑監典簿廳内府
寶鈔等各庫御馬倉草倉會同館織染

局文思院皮作局顔料局鞍轡局寶源局軍器局都稅等司教坊司并在外留守司司獄司各都司司獄司各按察司照磨所司獄司各府照磨所司獄司及各王府長史司典簿廳教授典儀所各府衛儒學稅課司陰陽學醫學僧綱司道紀司及各巡檢司以上正從九品俱銅印方壹寸玖分厚貳分貳釐

一各州縣儒學倉庫驛遞閘壩批驗所抽

分竹木局河泊所織染局税課司陰陽學醫學僧道司俱未入流銅條記潤壹寸叁分長貳寸伍分厚貳分壹釐

以上俱直鈕九疊篆文

一監察御史銅印直鈕有眼方壹寸伍分厚叁分八疊篆文

一總制總督巡撫等項并鎮守及凡公差官銅關防直鈕潤壹寸玖分伍釐長貳寸玖分厚叁分九疊篆文

一文淵閣銀印直鈕方壹寸柒分厚陸分

玉箸篆文

宣德年賜惟進呈文字等項用之

讃曰

辨爵示信五字六書銀黃金紫橐征連茹
太上結繩無反無側世漸澆漓藉兹防慝
慎密文明直方其德百爾君子以引以翼

卷之三終

南京尚寶司志卷之四

雲間潘煥宿編輯

律令志

明刑弼教先王慎之矧事關　符璽尤
明罰飭法之要務乎我
高皇帝握乾御宇彰善癉惡以正俗維風著為律令泣罪同下車之仁寬和邁三章之約而於符印關防不少假貸誠以戢僞防姦係綦重也凡我臣庶疇敢弁髦視之因錄如左方以

示憲章之意云爾志律令第四

一棄毀制書印信

凡棄毀制書及起馬

御寶

聖旨起船符驗若各衙門印信及夜巡銅牌者斬若棄毀官文書者杖一百有所規避者從重論事干軍機錢糧者絞當該官吏知而不舉與犯人同罪不知者不坐誤毀者各減三等其因水火盜賊毀失有顯跡者不

坐

凡遺失制書

聖旨符驗印信巡牌者杖九十徒二年半若官文書杖七十事干軍機錢糧者杖九十徒二年半俱停俸責尋三十日得見者免罪

一封掌印信

凡内外各衙門印信長官收掌同僚佐貳官用紙於印面上封記俱各畫字若同僚佐貳官差故許首領官封印違者杖一百

一漏使印信

凡各衙門行移出外文書漏使印信者當該吏典對同首領官并承發各杖六十〇全不用印者各杖八十〇干碍調發軍馬供給邊方軍需錢糧者各杖一百因而失誤軍機者斬

一漏用鈔印

凡印鈔不行仔細致有漏印及倒用印者一張笞一十每三張加一等罪止杖八十若

寶鈔庫不行用心檢閘朦朧交收在內者

罪亦如之

一擅用調兵印信

凡總兵將軍及各處都指揮使司印信除調

度軍馬辦集軍務行移公文用使外若擅

出批帖假公營私照送物貨者首領官吏

各杖一百罷職役不叙正官奏聞區處

一僞造印信曆日等

凡僞造諸衙門印信及曆日符驗夜巡銅牌

茶鹽引者斬有能捕告者官給賞銀伍拾兩僞造關防印記者杖一百徒三年告捕者官給賞銀叄拾兩爲從及知情行用者各减一等若造而未成者各又减一等其當該官司知而聽行與同罪不知者不坐

讚曰

國有祥刑以威不先天憲罔干民亦安止欽哉惟恤勑爾庶士夙夜維虔以膺帝祉

卷之四終

南京尚寶司志卷之五

雲間潘煥宿編輯

建置志

自結繩風邈而民僞漸滋是以帝王彰信兆
民與夫臣工事上而接下必資璽符矣信陵
刧秦而存趙晉公偶失而徵養且咸資其用
而况國家之渙汗待以輝煌臣子之承宣藉
其徵信者哉我
國家稽古建官咸正罔缺而凝命輯瑞則重符

璽之寄秩既清華任專

禁掖豈其濫竽以忝厥職茲覈其建置沿革之詳以備考證云志建置第五

按周禮春官有典瑞掌玉瑞玉器之藏注曰瑞符信也官有掌節掌守邦節而辨其用秦漢以來唯旌節稱節餘皆號符焉寶即璽也秦爲符璽令始皇出遊會稽丞相李斯中車令趙高從高兼行符璽令事趙堯爲符璽御史漢因秦置符節令丞一人秩

四百石或云千石屬少府領符璽郎文帝初與郡守銅虎符竹使符之制又皆屬焉昭帝幼冲霍光秉政殿中夜驚光召符璽郎取璽郎不與光奪之郎按劍曰臣頭可得璽不可得光壯之增秩二等後漢有符節令兩梁冠位次御史中丞别爲一臺而符節令一人爲臺率秩六百石爲符節臺主符節事凡遣使掌授節尚符璽郎中四人在中主璽及虎符竹符之半者兩漢皆

傳晉六璽及傳國璽晉大始元年省并蘭臺置符節御史齊置主璽令史於蘭臺以侍書御史領之梁陳御史臺并置符節令史後魏御史臺領符節令符節令領符節郎中北齊有符節署餘與後魏同後周有主璽下士掌國璽之藏隋初有符璽局置監二人屬門下省煬帝改監爲郎唐因之長慶二年改爲符寶郎授命及神璽等八璽文並琢爲寶字神龍初復爲符璽郎開

元初又爲符寶郎從璽文也宋元仍置符
寶郎屬門下殿中
國初凖古建官設符璽郎秩正七品職專
寶璽符牌等事以劉紹先爲之後置尚寶司陞正
三品衙門設卿少卿丞洪武元年改正五
品衙門卿一人少卿一人司丞三人司丞
或時以大臣子弟恩廕寄祿無定員列署
左掖之内
禁掖重地也永樂十八年

成祖遷都于燕乃置尚寶司于
留都止設卿一員事權悉歸北司矣
備錄官制沿革歲月于後
一甲辰年正月初六日設符郎正七品
一吳元年七月二十七日設尚寶司卿正
三品少卿正四品司丞正五品
一洪武元年改正五品衙門卿正五品少
卿從五品司丞正六品
一永樂六年

駕巡北京置行在尚寶司

一永樂十八年改行在尚寶司爲尚寶司

在南京者加南京二字

一永樂十八年少卿張位扈

駕行在本年十月二十四日禮部啓奉

令旨刑科給事中周琬署尚寶司敬此以後卿丞

各一員衙門原在磚城内續移本司直

房

一洪熙元年復加行在除南京

一正統六年定都北京復除行在加南京
更給南京尚寶司印
一　年裁革本司少卿
年裁革司丞事例

讃曰
皇祖建官准古定式天祚
聖明光被四域聿剖靈符敬共有職履茲清華是
毖是飭毋瘝爾官允稱華國

卷之五終

南京尚寶司志卷之六

雲間潘煥宿編輯

秩官志

蓋聞之官不易方而後職無廢事夔典樂而龍納言蓋其重也有虞氏官五十殷二百周三百各敭其職庶績咸熙所自來矣粤惟

太祖龍飛定尚寶之職始以三品後以五品官有定員

成祖遷都於燕猶存舊署督察府衛官軍擁護

宮闕
廟寢以不失
太祖締造之意然額數頻減以事歸北署南中雖
曰僅存餼羊然署間事簡議者以為仙吏今
覈其品秩以備參考志秩官第六

尚寶司

一洪武元年定制額設卿一員秩正五品
初授奉議大夫陞授奉政大夫修正庶
尹

一洪武元年定制額設少卿一員秩從五品初授奉訓大夫陞授奉直大夫協正庶尹

一洪武元年定制額設司丞三員秩正六品後以大臣子弟

恩廕寄祿無定員初授承直郎陞授承德郎

一永樂十八年

成祖文皇帝遷都于燕以後南京定制額設正卿一員時或添註無定額散官同前

讚曰

荃宰同心　庶績其凝　履茲華秩　任實難勝

靖共爾位　爲

皇股肱　尸素貽譏　伊誰之責　朝夕糾虔　佩之無斁

卷之六終

南京尚寶司志卷之七

雲間潘焕宿編輯

公署志 附住宅

羣工百執各有廨宇禮所云在官言官在府言府謂治事之處敬共厥職者在焉顧未有

建署於

禁籞之内者惟尚寶以護

符璽大亨以供

玉食列署在

聖意微矣茲考其規制而附以住宅買置顛末以

俟任是職者稽焉志公署第七

大内之測

一凡官民房屋並不許葢造九五間數及

歇山轉角重簷重拱繪畫藻井硃紅門

牕其樓房不在重簷之例

一一品二品廳堂各七間屋脊許用瓦獸

梁棟斗拱簷角青碧繪錦門屋三間門

用綠油獸面擺錫環三品至五品廳堂

各五間屋脊許用瓦獸梁棟斗拱簷角
青碧繪錦門屋三間用黑油擺錫鐶六
品至九品廳堂三間梁棟止用粉青刷
飾正門一間門用黑油鐵鐶
一凡品官房屋除正堂外其餘房舍許從
宜蓋造比正屋制度務要減小不許太
過其門窻戶牖並不許用硃紅油漆
一凡南京大小衙門損壞俱申達南京工
部工程大者具奏修理委官監督工完

將用過物料工程開具數目查考

一本司公署初在

文皇帝北都後西掖門不復開乃即直廬視事直

殿之西角

盧南接兵科凡

朝賀燕集大祀齋宿則尚寶與六科同室而處

聯席而坐以故舊制公署規制不可考

而住宅則係後來續買其詳悉載于左

方

附本司住宅買置一應事宜開後

一宅係民人陛景成出賣

一間數坐落地方四至俱載景成契中明白其原契現發書辦周瑚領收備查契係萬曆三十七年領訖

一原契抄白

立絕賣房契人陛景成係蘇州衛軍籍今因緣事缺少給主銀兩自已情愿將原買倪觀光住房一所坐落中城栢川

橋地方門面六間坐西向東通前至後大小計房五十四間上下土木相連憑經紀說合出賣與

南京尚寶司爲公署時估房價白銀貳百兩正其銀當日一併領回給主此係景成自愿變賣不係逼勒成交亦無反悔親族爭競等情恐後無憑立此絶賣房契永遠爲照

計開　四至明白

東至栢川橋大街

西至後街河沿下

南至工部公署

北至兵部公署

裝修先日開具

萬曆三十四年九月二十五日絶賣房

契人陸景成押

親識人　鄭　海押

張　德押

經紀人宋　鳳押
蔡　科押

一租房人户數目

計開　萬曆三十七年房租認狀係書

辦周瑚領收

桂　彩住前房三間每月該租銀叁

錢陸分

王　舉住後面門房一間每月租錢

伍拾文

黄天祐住房二間每月租錢壹百文
李　乾住房二間每月租錢壹百文
楊　貴住房一間每月租錢伍拾文
華　表住房一間每月租錢伍拾文
陳　良住房一間每月租錢伍拾文
以上租城上逐月催徵交司查收以
備公費
一住宅創修止借直廳銀兩別無所措如
署司借與人住多至踐毀以後悉從禁

止看房人臨時力稟勿得依狗

讚曰

虎踞龍蟠翬飛隼華

天闕巍峩

皇建其極列署在旁自公退食靖共爾位小心翼

翼勿剪甘棠以待來職嗣而葺之毋有差

忒

卷之七終

南京尚寶司志卷之八

雲間潘煥宿編輯

職守志

人臣守職奉公竭忠效力其自大而公孤以至委吏之細莫不有職守存焉矧
王言鼎重綸綍傳宣稍有惰窳其於官守謂何其於
奏命謂何第
文皇帝定鼎燕都事權雖屬北司而

南京尚寶司志　卷之八　一

高皇帝創業垂統之地陟降在茲
聖子神孫羹墻如在典故猶存南中不愆不忘正
臣子肅將之會故備述之以俟居是職者惕
焉作職守志第八

一洪武元年定例凡
皇帝登極丞相等取袞冕加于
聖躬丞相至
上位前通贊唱跪搢笏丞相跪搢笏傳唱衆官皆
跪百官跪捧寶官開盝取玉寶跪授丞

相丞相捧寶上言
皇上進登大位臣等謹上
御寶尚寶卿受寶收入盝內通贊唱就位拜興平
身百官拜興如之
一凡
詰勑等項寫完合用其寶本司官會尚寶監官于
皇極門用
一凡
諸王將軍幷文武官

誥敕寫完本司官於
御前奏請寶用
一凡各衙門勘合用盡預編完其字號勘
合幷底簿用寶訖勘合本司收貯底簿
付尚寶監繳進
一凡吏部選過文職三年貼黃一次底簿
每年一次俱年終奏行本司用寶先期
具手本送司會同吏科給事中一員本
司查對明白本司奏請用寶

一凡兵部每次選過武職貼黃底簿并三年一次清理武職大小貼黃簿俱奏行本司用寶先期具手本送司會同兵科給事中一員于本司查對明白本司奏請用寶

一凡用御寶俱預編某字號勘合一百道底簿一扇用盡再編其勘合本司收貯簿付尚寶監繳進

一凡遇
慶賀及
冠禮
大婚
册封行賞等大禮儀先期一日本司官于
御前奏請捧
寶是日設寶案於
中極殿
皇極殿至期本司官二員各捧寶于

御前分行至

皇極殿東西相向立候

上陞座西立者過東各置寶于案禮畢仍捧寶分

行至

中極殿置案上而出其餘司官俱於殿内之東

侍立

一凡每歲

郊壇行大祀禮本司官列于

駕詣

承天門外乘馬從寶後行禮畢仍從寶回至
承天門外下馬

一
皇太子寶一顆以本司兼管官不另設

一凡寶色各用銀硃奏行工部淘洗送用
油行順天府宛大二縣納蜜瓮器行光
祿寺支給熟艾白芨皂莢等行太醫院
取用

一凡年終奏行欽天監擇日洗寶至期尚

寶監關香物入水俸寶於

皇極門洗淨入匣

一凡每年終本司具本年用過寶數總繳

於

御前奏進

一

東宮用寶本司官會同尚寶監官於

文華殿用

一凡背寶官傳令官十年一次本司奏行

旨點差尚寶監太監一員總兵官一員兵部兵科

兵部請

本司官各一員于千部廊下揀選

一凡領牌上直若將年幼有疾官員開報

及怠忽誤事者本司參奏官衛官員十

年一次本司具奏會同兵部兵科官揀

選毋年終各衛備造清册送司查照

一凡

殿試舉人三月後讀卷官拆第一卷奏第一甲

第一名某人第二卷奏第一甲第二名
某人第三卷奏第一甲第三名某人填
寫黄榜訖尚寶司官用寶完備執事官
整束黄榜翰林官捧出張掛

一凡吏部遇有應給

誥勅官員免具本奏
聞仍具印信手本開寫合授散官并年籍脚色送
中書舍人候書寫完備本部具印信手
本送尚寶司於

御前用寶訖具奏

御前領給

本司堂規逐一開後

一每三日進司先入後堂荼畢五府宿直官畫卯官吏跪稟五府畫卯官到隨迎至前堂公座下並揖官畫卯完請入後堂待茶送至司門裏一揖仍回後堂官吏稟陞堂出前堂升公座

一稟放投文批判畢城吏對號

一稟驗符出公座立護符官驗符

一稟畨守官見出公座答禮畫卯護符官遞

手本畫卯

一稟五城官見出公座答禮畫卯稟驗令牌

一稟驗五府令牌帶刀畫卯

一稟驗守正官令牌毎三日輪門驗四面

一稟把衛總官見出公座答禮各官出司門

聽候

一稟各官畫卯挨門喚入指揮立報牌號千

百戶跪拜牌號畫卯完查軍人領帶牌面

萬曆三十七年火頭軍江通一告失去木牌隨用手本赴工部補造問之先輩云此等事不必深究究則株連適中騙局矣只一補造為當也

一批判僉押城吏對號用印

一稟放領文領繳牌官畫字稟發公文

一朔望日各門衛總比驗陰符

一朔望日各門守正官總驗令牌十六面

一朔望日

皇城各門正陽等裏外城門把總遞不致隱漏

事情結狀

一朔日各門火頭遞不致損失牌面結狀

一春夏二季五城取送卯簿

新安余公新輯本司職掌事宜開後

一留守五衛見任指揮官每三日輪一員畫

卯關領銅

符陽麒麟承東西北等字號俱左半四面齊赴

與四門把總官原領陰麒麟同前字號俱

右半各一面比對相同點閘

皇城門禁官軍將不到等項具文呈稟其不到官軍查與各門把總官開報相同批衛解責逃軍行衛挨拏解究

令牌二面

一中城兵馬領午字一號二號

令牌二面

一東城兵馬領酉字一號二號

令牌二面

一南城兵馬領亥字一號二號

令牌二面

一西城兵馬領戍字一號二號

令牌二面

一北城兵馬領未字一號二號

令牌二面

五城兵馬官每三日輪一員赴司畫卯驗牌

領出點閘

正陽等裏外城門夜巡京城地方有無失誤緣

由三日各具印文差兵回報

一五府侯伯都督每三日輪班赴領申字十

七號

令牌一面并飛字一號官牌一面赴司關領畫卯如不親到將帶刀官責治　令牌留下

一守衛官員遇有委管别事該衛稟掣候頂補官至日該衛具文交代牌面明白方許離直

一各衛驗有新收守衛軍人該衛親管官執衛印手本開具本軍年貌祖籍來歷并户口底冊有無逃復緣由同職方司小票送

驗着役查係原逃復役責治本軍如遲票限究親管

一各門應卯不到官一二次提究三次者發城送問

一各門每三日具軍數呈遞候不時按臨查點

一各門每三日具回報有無新收不到官軍

一各門官軍懸帶牌面與銅牌同每年行造手冊查明出示點驗如遺失及損壞者參

送問罪完日行工部成造如前送司印烙
給與懸帶
一各門新收着役軍人無牌者該門管隊官
取具衛印手本結狀領出懸帶如有单帶
在門亦取印文稟帶遇有事故等項兩班
缺役者該門管隊官卽具衛文將牌赴繳
一府城衛吏輪遞報號手本府吏上該府官
卯簿城吏對號衛吏領文
一

皇城裏外城門遇有一應事情把總官具稟裏外城門係隸五城者該城亦具稟報如悞提究

一守衛官軍緣事在五城者該城請提不得擅拘

一隨直龍虎等衛帶刀千百戶每三日輪流一員關領拜字一號官牌一面

一

午門

端門

承天長安左右門守衛旗手金前金左府軍虎

賁左羽林前等指揮千百戶等官每三日

輪直守正官該班關領申字一號至四號

止

令牌四面承字號銅

符一面

常直把總官該班關領牌計五面

飛字二號

彫字一號

彫字二號

辰字四號

滅字三號

輪直衛總管隊官關領牌計二十七面

彫字五號

道字五號

辭字二號

清字四號

辭字三號

辰字五號

玖字三號

荒字五號

拜字五號

彫字三號

近字一號

賊字一號

得字三號

甲字五號

茲字一號

求字二號

暑字四號

藁字四號

爵字一號

彫字四號

滅字五號

滅字四號

玖字五號

圖字一號

手字一號

拜字四號

潔字四號

帶刀官該班關領牌計八面

楚字二號

仕字三號

多字二號

多字五號

禪字四號

禪字五號

辟字一號

道字一號

輪直兌領小木官軍牌

旗手字一號起二百六十九面

金前字一號起二百六十八面

府軍字一號起二百七十面

虎左字一號起二百六十六面

長安左右水關

金左字一號起十六號止

左掖門

金左字十七號起五十一號止

右掖門

羽前字一號起三十九號止

一

東華門

東安門守衛羽林左府軍左金吾右等衛指揮

千百戶等官每三日輪直守正官該班關

領申字五號至八號止

令牌四面東字號銅

符一面

常直把總官該班關領牌計三面

拜字三號

飛字三號

率字二號

輪直衛總管隊官關領牌討十二面

篤字一號

篤字二號

篤字三號

篤字四號

拜字四號

率字三號

率字四號

率字五號

毀字二號
居字五號
罪字三號
道字三號
帶刀官該班關領牌計四面
碣字一號
孟字四號
遣字一號
孟字三號

輪直兌領小木官軍牌

羽左字一號起二百四十五面

府左字一號起二百五十五面

東上門

金右字一號起三十四號止

一

西華門

西安門守衛羽林右府軍右金吾右等衛指揮

千百戶等官每三日輪直守正官該班關

領申字九號至十二號

令牌四面西字號銅

符一面

常直把總官該班關領牌計三面

飛字四號

滅字一號

甲字四號

輪直衛總管隊官關領牌計十五面

能字二號

甲字一號

甲字二號

甲字三號

裳字三號

兄字二號

鬱字四號

邇字五號

邇字三號

匪字五號

匪字三號

匪字一號

匪字四號

宿字二號

宿字三號

帶刀官該班關領牌計四面

宿字一號

宿字四號

落字三號

殿字四號

輪直兒領小木官軍牌

羽右字一號起三百六十面

府右字一號起三百六十四面

西中門

金右字三十五號起一百四號止

一

玄武門

北安門守衛金吾後府軍後金吾左羽林前等

衛指揮千百户等官每三日輪直守正官

該班關領申字十三號至十六號止

令牌四面北字號銅

符一面

常直把總官該班關領牌三面

飛字五號

滅字二號

辰字一號

輪直衛總管隊官關領牌計十三面

橫字五號

恥字四號

效字三號

棠字三號

慎字五號

落字四號

沛字四號

辰字二號

庭字二號

庭字五號

辰字三號

庭字四號

庭字一號

帶刀官該班關領牌計四面

月字三號

日字四號

道字二號

道字四號

輪直兌領小木官軍牌

金後字一號起二百三十五面

府後字一號起二百三十五面

金左字五十二號起七十七號止

羽前字四十號起五十五號止

右

皇城四門守衛令牌一十七面一面則總巡十
六面則各門分巡之此警於夜者也銅符
八面陰四面各門守正陽四面逐門比對

點閘此警于晝者也旗手等二十三衛管
牌長木者一百一面小木者三千三百五十
旗手府軍金前虎左羽左府左羽右府右
金後府後十衛該班每輪而調直金左羽
前金右三衛班雖輪而不移此又經緯乎
其間者有專法也至于京城洪武等一十
三門夜巡則又責之五城兵馬各領令牌
二面以警覺焉四符牌出入胥于本司攸
隸關防鈐制整肅嚴明我

國家創守兢兢宅中圖大萬萬年之貽謀如此

猗歟盛哉題名錄成臣裕稽首拜手謹書

于本司直房坐側

一天啓二年

西華等門直軍告稱

午門直軍專一跟隨宿直作弊生事各門窮軍

受累等情隨准批行把總會查覆審積弊

當更情由在卷因准輪撥

午門直春

東華直夏
西華直秋
玄武直冬按季撥派軍牢跟隨
五府宿直應用不得悮役生事以後查照
勿違
一各門每月望日旗手等十三衛口糧册討
二十三扇齎赴本司印號領投
戶部關領凡遇新收直軍該衛具文領牌
請給驗訖方許開支逃故等項明白開除

如違提經承官識究治

一萬公禁約原示

南京尚寶司爲守衛事照得

皇城森嚴禁地額設五府官員輪流直宿巡城點

閘各門官軍係隸

祖制以固根本重地其法甚嚴關繫匪輕邇來法

久弊生每三日關領

令牌者查係府衛其上直者止一營官營官上宿

原非事例且未赴

本司知會及報名叅謁未知奉何衙門委
宿有違
初制私相代替
明例有禁何敢弁髦倘有不虞是誰之咎又如帶
刀官劉鶴鳴執四扣殘帖投遞
本司希免該府畫卯若不嚴加申飭日見
凌夷本司體面猶輕
朝廷規制豈容胥越遼左多事尤宜戒嚴爲此示
仰

承天端門把總等官并該府帶刀官識知悉凡遇
上直官員進宿完日具文申報以憑查考
如再仍前故違定行一體仍治不貸
天啓元年五月　　日給示
讚曰
抱關擊柝厥職有常矧兹卿貳爲
國棟梁夙興夜寐克守
王章毋曠爾官免此愆怠
帝命曰俞用佐幾康委蛇

楓陛萬夫之望

卷之八終

南京尚寶司志卷之九

雲間潘煥宿編輯

事例志

詩云率由舊章言奉職循理不敢逞私臆以紊王制也我

太祖

成祖聖神御極歷稽往牒斟酌前代自度惟貞大而朝常國紀細而米鹽錢穀莫不糾虔纖悉靡遺惟是自司庶府兢兢恪守又何愆怠之

與有本司事例較之各衙門稍稱簡約然各有司存所宜遵守方册具在舉之者存乎其人也作事例志第九

一凡文武朝叅官錦衣衛當

駕官應領官字號牙牌并驚璺透徹字號模糊應改造者俱由禮部給手本禮科掛號赴本司關領年終各衙門仍造册送本司查理

一凡歲例金牌青線縧壹千條黄絨寶縧

及紅錦並五年一造陪事供事執事合
用茶褐青絲牌縧俱行工部造辦備用
一凡寶鈔提舉司奏造鈔牌及本司奏造
損朽缺少金牌本司官同戶部堂上官
幷給事中印綬監官監造其
令牌有損壞者行印綬監改造牙牌損壞缺少
行司禮監造
一凡本司合用紙劄於司禮監及刑部關
領木炭於順天府關用

一
寶案等公用器物於內外各該衙門成造送用煎
熬寶色等物工部每年撥班匠十名供
用

一凡本司官員及監生每日酒飯俱於光
祿寺支給

一凡推陞內外官文憑嘉靖二十年題准
南京者類發兵部車駕司順齎南京吏
部各省者類發都察院行各該巡按轉

發仍各取到任日期并原憑類繳註銷

一凡尚寶司中書舍人考滿俱從本衙門牒呈通政司關順天府呈部考覈不咨都察院洪武二十六年定尚寶司中書舍人係近侍官員任滿黜陟取自
上裁

一凡南京各衙門屬官考滿成化二十一年題准俱南吏部都察院考覈停俸赴京給由吏部類引復職給憑還任二十

二年奏准南京各衙門屬官首領官三年九年考滿照例赴京聽引其六年考滿從南京吏部考覈具由類奏復職免其赴京其赴京考滿官員以給文日爲始除水程四十日外扣違四個月之上參問雖有事故亦不准理嘉靖三十四年題准南京考滿給文將及三年未到部者吏部查參冠帶閑任萬曆七年題准南京官三九年考滿官員行至中途

或丁憂患病回籍服滿病痊起文到部者候復除之日准補給由十二年題准南京官公差到京復
命已准復職計其回任半年之內遇應考滿比照
朝覲事例免其赴京從南京吏部都察院考覈咨部
題覆
一凡京堂五品以下官成化十三年議准在京各衙門五品以下堂上官吏會官

一體考察嘉靖六年題准各衙門堂上五品以下官照成化以來節年舊例考察

一凡考察有誣枉者天順八年令部院會同內閣考察在京五品以下文職并在外布按二司官有不公者許科道官指實劾奏南京考察不公者許南京科道官劾奏

一凡京官陞外告病隆慶二年議准患病

在先推陞在後比外官已到任者不同
准令回籍養病痊日給文赴部五年題
准令後京官陞外告病乞休者俱令致
仕不許病痊起用
一凡南京各衙門新除復任官員吏部洛
開職名到部各取到任日期并各衙門
繳到各官文憑候年終類繳吏部如遇
丁憂者先行洛繳
一凡南京各衙門官員奏行給假省親吏

部劄送應天府給引定限回任若違限

一年半以上本部暫令到任管事具奏

請

旨照例送問

一凡南京衙門官吏告送幼子還鄉行勘

明白定限送應天府給引照回

一凡南京各衙門歷事監生舊例考過勤

謹逐起差人具奏成化九年奏准吏部

案候每年通類具奏

一凡南京各衙門寫本監生俱行吏部轉行南京國子監取撥惟戶工二部徑自行取弘治三年奏准俱吏部取撥轉送

一凡南京文職散官每年正月以裏通行各衙門取勘歷任親供應請初授陞授加授散官類咨吏部具奏給授

一凡南京各衙門官員考滿到部舊例三年六年九年起送赴京應考覈者本部咨南京都察院考過咨送吏部覆考景

泰元年奏准應考覈者從本部覆考連
人咨送吏部成化二十二年奏准六年
者本部考覈類奏免其赴京

一永樂二年令兩京官吏人等及各處官
民戶口食鹽每歲大口納鈔壹拾貳貫
支鹽壹拾貳斤小口納鈔陸貫支鹽陸
斤

一凡南京大小衙門官吏戶口食鹽鈔俱
赴寶鈔廣惠庫交收類行兩淮都轉運

鹽使司照例關鹽給散

一成化十九年令南京各衙門關支食鹽五府都察院等衙門并錦衣衛俱派儀真批驗所其餘衛所并五城兵馬指揮俱派淮安批驗所務要辨驗批領帖文引目無僞方令正數正文運回給散

一嘉靖二十五年議准南京文武百官應支俸糧將庫貯鹽引紙價銀兩內暫供壹萬捌千貳百五拾兩陸錢支給

一凡寶色尚寶司每年該銀硃玖拾斤行
内庫關支正德十一年加硃叁拾斤派
行四川收買涪州水花銀硃壹百貳拾
斤解工部轉發器皿廠淘洗送用嘉靖
三十六年題准以後動支節慎庫料銀
照數召買淘洗送用每歲該銀陸拾叁
兩陸錢此項係壯事附查

一
皇上登極給

賜五品官銀拾伍兩六品官銀拾貳兩文官一品
至九品各給與應得
誥勑五品六品各紵絲壹疋

一附

殊恩特遣

洪武二十二年八月　日

遣尚寶司卿楊顒閱試雲南左右前臨安曲靖金
齒大理洱海楚雄九衛軍馬其所閱官
計壹千叁百叁拾伍員士卒計捌萬柒

千叁百柒拾人
遣尚寶司丞楊鎮閱試貴州普定普安平越興龍五衛及舊平夷黄平新添叁千戶所軍馬其所閱官計叁百柒拾壹員士卒計貳萬玖千陸百玖拾伍人

附録

嘉靖四年孟溪鄭公裕新輯事宜于後
一凡關領符官員人等俱用本衙門印信手本及赴本司畫字領帶如違參送

一令牌銅符套匣并長木官牌青絲縧歲例具數移文中府及兵部轉行工部辦用此項遇拾年大造移文

一刑部勘合申文紙張歲例關支用手本至山西司關支行移紙陸拾柒張中夾紙陸拾柒張每年中額例折銀

一五府五留守五城及各衛門紙筆硃墨年終各照常開送細數俱詳公帑内

一牌簿旗手等拾叁衛守衛官酌量分作

四季每負紙伍張照季開具聽用

一每季工部稟送班匠肆名聽役滿日填

批送報

一五城每日領牌弓兵各貳名聽役後因

弓兵輪役不便願貼工食與皂隸齊忠

等本司給有印簿存各城收執每季觧

送工食并繳簿請印判訖仍領去以便

吊查

一官負柴薪直堂兵部武庫司支取及監

生每日飯食光祿寺俸糧通政司帶支

讚曰

凡爾百工期于信度象魏在懸詎滋詿

誤有嚴有翼遵

王之路蹇蹇匪躬答此榮遇

南京尚寶司志卷之九　終

南京尚寶司志卷之九

南京尚寶司志卷之十

雲間潘煥宿編輯

儀規志

朝廷上下有等尊卑有序所以定紀綱辨名分使相安而無踰越正謹微之至意也故凡朝賀之序齋宿之儀揖讓坐立之次道途聚會之間因品級爲降殺庶幾式序有位成師濟之休風豈曰微文末節可弁髦視之耶茲具述于篇以示遵守志儀規第十

一凡慶賀

聖節冬〻至正旦俱先具朝服赴朝天宮習儀貳日

列班文東武西先四拜班首宣

祝贊俟復位畢舞蹈山呼仍行四拜禮畢如冬〻至

則習儀在齋戒之先當日五更具朝服

至南京禮部拜牌如習儀之式

一凡遇

詔至具朝服迎於水西門外至南京禮部開讀

一凡拜

表俱朝服拜訖乘馬送於水西門外

一凡各祭照常齋戒外其冬至夏至二祭南京禮部咨行及太常寺典簿廳手本先行期各於本衙門齋宿叁日夜每日具職名揭帖候點齋御史查點

一南京各衙門每遇正月正旦節二月清明節五月初拾日

太祖高皇帝忌辰柒月拾伍日中元節捌月初拾日

聖節

高太后忌辰拾月初壹日下元節拾壹月冬至節
　凡柒次俱太常寺典簿廳手本知會至
　日服淺淡顏色衣服赴

孝陵隨班行禮

　一凡日蝕月蝕候南京禮部咨開日期爵
　食分數備行到司如日蝕則具朝服赴
　南京禮部月蝕則青素員領赴南京中
　軍都督府各照起止分杪救護

一凡遇旱祈求雨澤照南京禮部祠祭司
手本赴　　各行香叅日如得雨仍
候該司手本約期致謝祈晴祈雪同
一凡遇一應水旱風雹地震等項每年終
北京禮部類奏咨行到司修省服素餟
叅日
一凡遇春秋貳丁祀
先師孔子本日具冠服至
文廟禮生贊拜訖回署

一凡遇

歷朝

帝

后各忌辰俱素服角帶其忌辰開後

英宗睿皇帝正統　正月拾柒日忌辰

孝靜毅皇后　正月貳拾伍日忌

孝定皇后　貳月初玖日忌辰

孝貞純皇后　貳月初拾日忌辰

武宗毅皇帝正德　叁月拾肆日忌辰

孝和皇后　叁月貳拾叁日忌

孝端顯皇后　肆月初陸日忌辰

孝懿莊皇后　肆月拾叁日忌辰

孝宗敬皇帝弘治　伍月初柒日忌辰

太祖高皇帝　伍月初拾日忌辰

穆宗莊皇帝隆慶　伍月貳拾陸日忌

睿宗獻皇帝　陸月拾柒日忌辰

孝宗睿皇后　陸月貳拾陸日忌

仁孝文皇后　柒月初肆日忌辰

成祖文皇帝 永樂 柒月拾捌日忌辰

神宗顯皇帝 萬曆 柒月貳拾壹日忌

孝莊敬皇后 捌月初捌日忌辰

孝慈高皇后 捌月初拾日忌辰

憲宗純皇帝 成化 捌月貳拾貳日忌

光宗貞皇帝 泰昌 玖月初壹日忌辰

孝潔肅皇后 拾月初貳日忌辰

慈孝獻皇后 拾貳月初肆日忌

世宗肅皇帝 嘉靖 拾貳月拾肆日忌

孝元貞皇后　拾貳月貳拾肆忌

一永樂元年肆月定

萬壽節百官宴次凡在京各衙門堂上六品以上

官宴於中左門

一本司職居五品六品若見四品五品居

右行兩拜禮四品居左答禮

六品見五品六品居右行兩拜禮五品

居左答禮

一洪武貳拾年定儀從凡五品官止許引

導一人六品以下不許引導其出郊在外儀從仍依舊制不拘此例

貳拾肆年更定官員儀從四品至六品肆人

一成化元年令凡京官出外五品六品引導貳對用錫槊藤棍

一五品衙門文移紙高貳尺長叁尺案驗紙高壹尺捌寸長貳尺伍寸

上任儀制開後

一到任先一日詣
陵即日謁
文廟次日到任着吉服進司自北來已經謝
恩者先詣
午門前行一拜三叩頭禮自外陞任者更公服
於
午門前行五拜三叩頭謝
恩回司着吉服進後堂茶畢官吏稟陞堂出前堂
陞公座拜受印畢

一代辦官吏叩見

一書辦叩見

一皂隷叩見

一留守五衛官見出公座答禮

一五城兵馬官見出公座答禮

一各門把總官見出公座答禮

一各門管隊官見在位答禮

一帶刀官見在位答禮

一各城吏叩見禮畢飲公宴先拜光祿寺

六科次拜六部大堂都察院正堂俱晚侍生路遇下轎作揖右堂以下俱侍生

讚曰

禮以定志政之善經上臨朝宁下涖公庭儀章有等爲國典刑豈其僭渝以忝有位不凌不援厥幾無媿

卷之十終

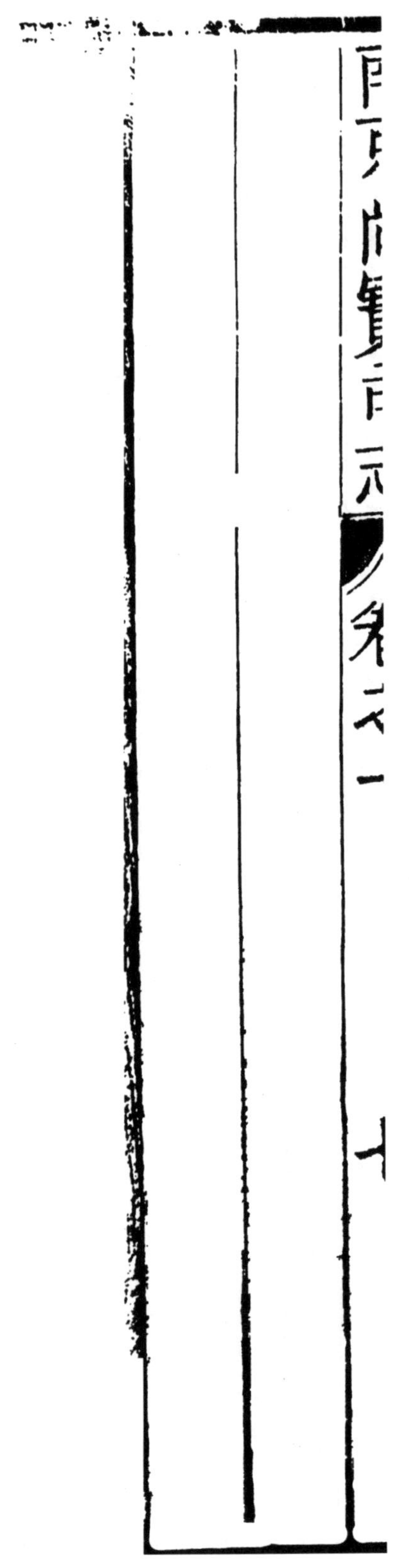

南京尚寶司志卷之十一

雲間潘煥宿編輯

服器志

先王以服物昭名分故上下有章不可越也服其服則文以君子之容有如不稱其服詩人所以起維鵜之譏耳

高廟置尚寶於

禁掖之地領清華之秩分卿貳之榮凡服物器用莫不各有定式履茲位者敢不顧服物而

思厥義自
文廟遷都於燕雖減額員而卿職如故因稽舊制
服器定式以備考覈志服器第十一
一凡
大祀慶成正旦冬至
聖節及頒降開讀
詔赦進表傳制文武官各服朝服
一洪武二十六年定文武官朝服梁冠赤
羅衣白紗中單俱用青飾領緣赤羅裳

青緣赤羅蔽膝大帶用赤白二色絹革
帶佩綬白襪黑履一品至九品俱以冠
上梁分等第
五品冠三梁革帶用銀鈒花綬用黄緑
赤紫四色絲織成盤雕花錦下結青絲
網綬環二用銀鍍金笏用象牙
六品冠二梁革帶用銀佩用藥玉綬用
黄緑赤三色絲織成練鵲花錦下結青
絲網綬環二用銀笏用槐木

一凡文武官常朝視事以烏紗帽圓領衫束帶爲公服五品銀鈒花帶六品素銀帶

一五品白鷴六品鷺鷥七品鸂鶒

一嘉靖十六年題准大紅紵絲紗羅服惟四品以上官在京九卿翰林院詹事府春坊司經局尚寶司光祿寺鴻臚寺五品堂上官經筵講官方許穿用

一凡車輿五品素獅頭綉帶青幔六品用

素雲頭素帶青幔

一傘蓋五品用紅浮屠頂青羅表紅絹裏

兩簷雨傘用紅油絹

一凡鞍轡五品用銀減鐵事件鞦用油畫

六品用擺鐵事件鞦用油畫

一帳幔洪武元年例五品帳幔許用綾羅

紗被褥用紵絲錦綉六品帳幔許用紗

絹被褥用綾羅紬絹

一凡器皿五品酒注用銀酒盞用金六品

酒注酒盞俱用銀

讚曰

惟名與器不可假人緐纓猶惜矧茲朝紳

晃黻煌煌出入

紫宸必稱其服卓哉臣憐

卷之十一終

南京尚寶司志卷之十二

雲間潘煥宿編輯

俸直志

先勞後祿人臣之義然也故祿以養廉
國家鉅典食其食則事其事素餐貽伐檀之誚
饕餮來貪黷之譏其於敬共之誼謂何
高皇帝置尚寶之職秩以五品祿幾二百亦云厚
矣迨
文皇帝壯狩乃

留都仍其舊職俸祿之數南與北等故錄舊制於左以昭敬事之極則志俸直第十二

卿正五品

每月支米壹拾陸石

每歲該米壹百玖拾貳石　內本色俸柒拾伍石陸斗折色俸壹百壹拾陸石肆斗本色俸內除支米壹拾貳石外折銀俸五十叁石折絹俸壹拾石陸斗共該銀肆拾兩捌錢壹分折色俸內折布俸

五拾捌石貳斗該銀壹兩柒錢肆分六
釐折鈔俸伍拾捌石貳斗該本色鈔壹
千壹百陸拾肆貫
如遇閏月加壹拾陸石
少卿從五品
每月支米壹拾肆石
每歲該米壹百陸拾捌石　内本色俸陸
拾捌石肆斗折色俸玖拾玖石陸斗本
色俸内除支米壹拾貳石外折銀俸四

拾柒石折絹俸玖石肆斗共該銀叁拾陸兩壹錢玖分折色俸內折布俸肆拾玖石捌斗該銀壹兩肆錢玖分肆釐折鈔俸肆拾玖石捌斗該本色鈔玖百玖拾陸貫

如遇閏月加壹拾肆石

寺丞正六品

每月支米壹拾石

每歲該米壹百貳拾石　內本色俸陸拾

陸石折色俸伍拾肆石本色俸內支米壹拾貳石外折銀俸肆拾伍石折絹俸玖石共該銀叁拾肆兩陸錢伍分折色俸內折布俸貳拾柒石該銀捌錢壹分折鈔俸貳拾柒石該本色鈔伍百肆拾貫

如遇閏月加壹拾石

凡本司官員俸糧俱於通政帶支今改於祿米倉關支

南京尚寶司同

附監吏

一監生六名每名俸糧捌斗該折銀伍錢

陸分

一官辦肆名每名銀叁兩陸錢

一吏辦陸名每名銀叁兩陸錢

讚曰

祿以養廉操砥懸魚易祿難畜氷蘗凜如

易有明訓耕穫菑畬豈其覆餗玩愒居諸

敬事後食君子樂胥受天之祜寍有奪糈

卷之十二終

南京尚寶司志卷之十三

雲間潘煥宿編輯

公帑志

本司所職者

符璽事關

朝宁非有錢穀簿書之寄也然經費出入官箴所係烏容混焉無考茲查明舊規凡一應履任之費用各衙門應給之赫蹏朝房屋租之辦納俱有常額茲備錄于左俾當事者得籍手

以稽較志公帑第十三

寶署清淡真不媿所稱其門如水者矣值堂每季拾金署宅創自李君元坤大門外列肆幾所取租入以佐公費固無幾何而追徵收貯往責中城中城吏胥每候新任者動支買辦傘扇等物及備公宴率皆浮價數倍徒爲此輩谿壑之資又本衙門跟役往往籍口借辦以滋侵匿夫各役工食取之官辦吏辦及監

生月糧不遺錙銖矣即使送辦偶或遲
欠止應于各役工食裒多益寡以取其
平安可復于房租内必取盈焉假令李
君之前額無房租不知又以何者借辦
此因官曠日久各役遂爾欺瞞侵用耳
除從前不究外自今酌定追徵出納并
到任買辦價值規式以便遵守

本司到任合用事件

一辦執事

一鞍籠銀貳錢

一印綬銀壹錢

一大金扇壹把銀柒錢

一打扇壹把銀壹錢

一大小傘叁把用布到頂大者每把貳錢伍分小者貳錢共銀柒錢

一拜匣壹個銀壹錢

一擡箱壹扛

每遇新任出票書辦稟明詳價發城買

辦

一到任公宴舊規書辦稟掌印者先發票
銀輪城辦酒每桌銀貳錢伍分無攢盒
發帖請光祿寺六科同倍如不來者送
席俱係本司公費支辦照桌數稟明註
價發城備辦舊規聞新任將到預稟掌
印者發中城備買執事舊規貼本銀支
辦今有房租支辦但城吏通同馬上浮
價虛報溢至數倍今定估實價稍加寬

剩責令書辦製買以杜冒費

一每季各城衛輪取送心紅紙劄訪得各城衛交送紙劄本司跟隨人役先期賄領如城上每季詎銀壹兩貳錢留守等衛詎錢捌百文入手肥巳臨期買粗惡不堪用之物抵塞今行票各城衛所知會實估所應交送紙筆常值封銀申送本司自發書辦平買以杜此輩侵匿之弊且省城衛虛濫之費也又訪得各役

額取中城門神紙價銀伍錢城上毎派
舖戶出辦俱係本司馬上聙領入巳此
項貽累舖戶合應裁革巳經票行中城
免辦立案存證

春季

旗手衛

虎賁左衛

呈文紙壹百張

青紙肆張

筆肆枝
墨貳錠
留守右衛
留守中衛
呈文紙壹百張
青紙肆張
連七紙壹百張
銀硃貳兩
筆肆枝

墨貳錠

以上留守衛每季估銀叁錢各衛壹錢整每季首月印封差人解司往月散衛紙劄馬上每衛各暗支錢陸百文今革此弊從輕估各衛只銀壹錢

中兵馬司

中夾紙壹百張

呈文紙壹百張

毛邊紙壹百陸拾張

連七紙壹百張

銀硃貳兩

筆肆枝

墨貳錠

城上估銀柒錢每季首月印封交司

夏季

府軍衛

府軍左衛

金吾前衛

金吾右衛

留守前衛

西城兵馬司

紙劄俱同前

秋季

府軍右衛

府軍後衛

羽林左衛

羽林右衛

留守後衛
北城兵馬司
紙劄俱同前

冬季

金吾左衛
金吾後衛
羽林前衛
留守左衛
東南二城兵馬司

城衛紙劄俱各估價同前

以上紙劄嘉靖年間所傳爲定規者前人必非專爲供費而設蓋藉此於衛城各衙門有聯絡統屬深意但本諸役竊爲肥巳之資則舛矣自兹以後城衛送到紙價即着本司書辦收貯買紙張等項交進聽用如有餘以作公費可也

五軍都督府俱年終送

中府

中夾紙壹百張

堂本紙伍拾張

連七紙伍拾張

銀硃壹兩

筆肆枝

墨貳錠

左府

中夾紙壹百張

堂本紙壹百張

連七紙伍拾張

銀硃壹兩

筆肆枝

墨貳錠

右府

中夾紙伍拾張

堂本紙叁拾張

連七紙壹百張

銀硃壹兩

筆肆枝
墨貳錠
前府
中夾紙伍拾張
堂本紙叄拾張
連七紙肆拾張
銀硃壹兩
筆肆枝
墨貳錠

後府

中夾紙壹百張

堂本紙伍拾張

連七紙壹百張

銀硃壹兩

筆肆枝

墨貳錠

一每季朝房銀拾兩四季肆拾兩每季行

手本兵部武庫司支取

一歷事監生每年陸名每名貼本銀貳兩

共貼本銀拾貳兩公用

一住宅前後店房租銀　兩　錢城上每

月徵支詳公署條内

讚曰

臣之守職經費寔先維兹清秩左右

御前公帑儲貯刀布流泉儉而有制殫厥綢虞羔

羊素絲令譽昭然

卷之十三終

南京尚寶司志卷之十四

雲間潘煥宿編輯

什物志

本司公署并私宅舊置有器用物件雖一几案之微一盤盂之細皆公家所需不可忽也然往往乘舊官之巳去新官之未來侵没其中似此弊竇因無案牘之可考故奸人得乘之以爲利耳茲查覈明白悉著于篇庶杜欺匿之弊志什物第十四

尚寶司爲刊記什物以便查存事照得
本司官舍新創什物無備不獨桌椅床
屏悉借民間即置印小几亦爾無具殊
非體貌本司動支値堂銀置買桌椅等
項什物聊足供用第恐本司去後官舍
不無借貸則什物搬移難免虧壞而繼
至者無從稽查則本司各役因而侵隱
亦所固然爲此合將製過什物除刊本
司字様於各物外仍立牌一面款開各

物於左以備役日永遠存用責令書役長班管顧有據繼任者照牌查存無致遺逸此記

計開

金漆官桌拾張刋有司記

金漆藤椅拾把刋有司記

半屏風大床肆張刋有司記

盛印漆桌壹張寫有司記

小杉木床叁張

大板凳貳條

小板凳貳條

脚櫈貳個

高水架壹個

短水架壹個

雲板壹座

木栁壹架

錫硃盒筆架壹副

舊桌壹張

舊條桌壹張

大水缸壹口

酒缸壹口

大瓩鉢肆個

大飯鍋壹口

小飯鍋壹口

小酒缸壹口

水桶壹擔

鐵鋤壹把

大米倉貳座

木碓壹所

萬曆叁拾玖年吏部舊用什物遺留本司數目開後

大木椅陸把

小木椅肆把

小櫃壹乘

衣架貳件

面架貳件

萬字架木床壹張

有架小床壹張

半舊漆桌叁張

大小櫈陸條

搥衣小櫈壹條

梯貳乘

小脚櫈貳條

大水缸壹口

中水缸壹口

萬曆肆拾貳年正月續置什物開具于後

大屏風貳座

金漆條桌肆張

金漆藤床壹張

紅漆香几壹張

鐵火盆壹個連架

大轎壹乘

萬曆肆拾陸年叁月新置什物開具于後

圍屏壹架

椐木釘銅書厨壹座

杉木書架壹個

椐木書架壹個

大火踏貳個

小櫈肆條

三脚櫈肆個

銅灸硯壹個

讃曰

制器尚象利用無方秩秩清署斯寢斯堂

備物致用莫不質良毋爲戕毀毋恣竊攘垂之有永來者彌昌

卷之十四終

南京尚寶司志卷之十五

雲間潘焕宿編輯

衙役志 附工食

平政闢人昭體統也周官即輿隷胥徒之細莫不拮据及之凡以居官受任服役者必有其人耳

國初定制以品級分多寡永樂以後事歸𦘕司南中稍稱閒曹然本司供役者不下二十餘人今載其姓名以備查覈并附工食數目如

左志衙役第十五

一洪武初制定皂隷五品肆名六品貳名

正統間官員隨從皂隷尚寶司係內府

衙門准用看朝房皂隷肆名

今現存衙役人數

吏　陸　名

書辦貳名

門子　名

皂隷伍名

轎夫肆名

廂夫貳名

掌扇壹名

一監生每名俸糧捌斗該折銀伍錢陸分

每月叁名共俸糧貳石肆斗共折銀壹

兩陸錢捌分此項撥與本司書辦貳名

每名每月該工食銀捌錢肆分戶部支

領如遇監生缺亦無增補

此項監生即前貼本陸名之數因其告

假田籍其月糧額例貼備本司書辦

一官辦每年額定肆名每名貼銀叁兩陸錢每季不缺係撥與高譽俞仁支領各算得每年工食銀柒兩貳錢

一吏辦額定陸名每名貼銀叁兩陸錢撥與張信田聘等每年各算得工食銀柒兩貳錢

一皂隸伍名常學鄧海張詔朱章魏鳳在兵部職方司支領每月每名柒錢各算

得捌兩肆錢

一皂隸伍名各城有役弓兵貼備工食

中城齊忠每月工食銀玖錢每年工食拾兩捌錢

東城洪成每月工食銀捌錢伍分每年工食銀拾兩貳錢

南城姜虎每月工食銀捌錢肆分每年工食銀拾兩捌分

西城沈科每月工食銀玖錢每年工食

銀拾兩捌錢

壯城劉舉每月工食銀玖錢每年工食

銀拾兩捌錢

硃批近解每月玖錢

一外班貳名郭鑾李成每月工食錢壹千

貳百文每年共錢壹萬肆千肆百文在

中城房號錢內支領此項原奉海院

題准事例

一看茶

一擡箱夫貳名姜學洪　每名每年工食錢伍千肆百文緣本司看守公署吏夫叁名每日給僱役錢拾文合之每年得錢壹萬捌百文此

題准例也不用之吏夫而用之擡箱夫那移通融期得實用其錢中城按季解司給發各役不許赴城告領以滋煩擾永爲定例餘役工食俱各照舊

一寫報人役工食在歷事監生貼本銀支

領工食每月叁錢伍分月終給

讚曰

厥有胥史以備使令載馳載驅後車軒軒

嚴而有體寬而能明餼廩稱事足以代耕

以此馭下曷不用情

卷之十五終

南京尚寶寺志卷之十六

雲間潘煥宿編輯

歷官志

本司官屬

國初類以侍從儒臣勳衛領之或兼秩焉如耿瑄以散騎舍人任黃觀以侍中兼卿楊榮以庶子兼任尚書郎而下非有才名不得調勳輔大臣子弟奉

特旨乃得補丞他流所弗與焉其選亦慎矣居是

官者不知所寶璽不有負此官乎永樂中
兩京並設自
定鼎以後大政皆總於北司南京少丞皆省第
太祖締造之制不可泯也今先詳各官年表自洪
武至永樂十八年者於前而南卿則自洪武
以來者紀之庶可備論世者考焉其
成祖既遷以後無敢混入志歷官第十六

國朝尚寶司卿年表

偰　斯應天溧陽人國朝歸附任符寶郎洪武二年改司丞署司事四年出知太安州歷陞禮部尚書

耿瑄 人長興侯子任散騎

舍人洪武十五年五月陞尚寶司卿

楊顒　人洪武二十一年任

二十三年六月命閱視雲南左右前臨安曲靖等九衛軍馬

黃觀　南直隸貴池人洪武辛未狀元二十九年任加禮部侍郎建文二年晉禮部侍中掌司事死靖難

楊榮　福建建安人甲辰進士永樂十二年以右庶子兼任扈征死剌

張信　山東掖縣人孝廉永樂五年任

司丞十四年陞本司少卿洪熙元年陞

以後遷某司不載

國朝尚寶司少卿年表

何宏　廣東東莞人東莞伯何貞子洪

武二十三年十月由司丞陞任

徐勝　　人　　永樂元年由

司丞陞任

朱琇 人 永樂二年由

司丞陞任十年以無故不陪祀爲僉都

劉蒻所劾命鞫之

董儀　　人永樂十四年由司

丞陞任

張信見卿　永樂十四年

由司丞陞任

袁忠徹　浙江鄞縣人太常廷王子永樂十七年由司丞陞任以後遷壯不載

張　信　見卿　永樂十四年由司丞陞任

南京尚寶司卿年表

黃　觀字瀾伯直隸貴池人洪武二十四年進士會試廷試俱第一名修撰陞任歷陞禮部右侍郎

耿　瑄字　　人洪武中任

朱　琇字　　人洪武中任

寥　懷字士皐江西廬陵人進士正統年任

楊　導字　江西泰和人儒士天順元

年由本司丞陞任成化元年陞南太常

少卿

夏　瑄湘陰人官生天順二年掌南京尚

寶司事成化二年進卿

白　玢武進人成化已丑進士二十年任

南京尚寶司卿

李應禎字貞伯直隸吳縣人舉人弘治五

年由南　部郎中陞任陞南太僕少卿

韓　鎬字民瞻河南廬氏籍陜西膚施人

由成化十四年進士陞任歷陞工部右

侍郎

黃鉞字　湖廣瀏陽人進士弘治六

年由南戶部郎中陞任　年陞南太常

少卿

韓鼎字　陝西合水人進士弘治七

年由通政右叅議改任歷陞戶部右侍

郎

劉倆字　江西安福人官生弘治十

二年由本司丞陞任陞南太常少卿

夏　昇字景熙廣東南海人進士正德四年由尚寶少卿陞任陞南鴻臚卿

張　芮字文卿山西安邑人進士改翰林庶吉士正德六年由處州同知陞任歷陞工部右侍郎

倪　議字典道順天宛平人進士正德六年由尚寶司丞陞任

徐文煥字堯卿直隸宜興人官生正德八

年由尚寶司丞任

劉　乾字克桑直隷江陰人進士正德九年由兵部郎中陞任歷陞南光祿卿

鄭　裕字有容四川内江人嘉靖四年進士由吏科左給事陞任歷陞南太僕少卿鴻臚寺卿

戚端明字希道廣東饒平人進士嘉靖四年由浙江提學僉事陞任改左春坊左庶子兼侍講歷加太子太保禮部尚書

王崇獻字　人進士嘉靖六年陞任歷陞都察院右副都御史巡撫寧夏

費　寀字　江西鉛山人正德辛未進士嘉靖六年任九年改庶子兼侍講掌南翰林院事

穆孔暉字伯潛山東棠邑人進士嘉靖十年以左庶子　侍講調任歷陞南京太常寺卿贈禮部右侍郎謚文簡

呂　柟字仲木陝西高陵人正德三年進

士第一授翰林院修撰陞任歷陞南京
禮部右侍郎贈禮部尚書謚文簡
歐陽德字崇一江西泰和人進士嘉靖十
四年由南京國子監司業陞任歷陞禮
部尚書贈太子少保謚文莊
陳　鯨字　人進士嘉靖十七年由吏
部驗封司郎中陞任
李舜臣字懋欽山東樂安人進士嘉靖十
七年由南京國子監司業陞任歷陞太

僕寺卿

汪佃字有之江西弋陽人進士翰林編修嘉靖十八年由福建僉事陞任陞太

僕寺少卿

趙汝濂字敦夫雲南太和人進士嘉靖十九年由吏部考功司郎中陞任歷陞南

京右副都御史

江以潮字子春江西貴溪人進士嘉靖二十二年由刑部郎中陞任

汪　集字惟義江西進賢人進士嘉靖二十四年由禮部儀制司郎中陞任

鄭　曉字窒甫浙江海鹽人進士嘉靖二十六年由南京吏部考功司郎中陞任歷陞刑部尚書贈太子少保謚端簡

陳　儒字汝宗錦衣籍交趾人進士嘉靖二十八年由山東僉事陞任歷陞右都御史

許　穀字仲貽應天上元人進士嘉靖二

十八年由江西僉事陞任陞南京太常寺少卿

張秉壺字國鎮福建莆田人進士嘉靖三十年由吏科都給事中陞任本年改尚寶司卿陞太僕寺少卿

盧宗哲字濬卿山東德州人進士嘉靖三十年由南京國子監司業陞任歷陞光祿寺卿

歐陽衢字從亨江西泰和人進士三十一

年由南京禮部郎中陞任陞南京鴻臚
寺卿

江　治字順之江西進賢人嘉靖三十五
年由廣東僉事陞任歷陞南京工部右
侍郎

張九一字助甫河南新蔡人進士嘉靖四
十年由吏部驗封司郎中陞任歷陞右
僉都御史巡撫寧夏

徐　應字順叔浙江蘭谿人進士嘉靖四

十年由尚寶司少卿陞任歷陞南太僕寺卿

郭立彥字如選福建晋江人進士嘉靖四十一年由光祿寺丞陞任

張登高字子升湖廣漢陽籍山東濮州人進士隆慶元年由浙江道御史陞任後加太常少卿致仕

孫　鑨字文中錦衣衛籍浙江餘姚人進士隆慶五年由南吏部郎中陞任歷陞

吏部尚書

張崇倫字叔遜湖廣應城人進士隆慶六
年由南禮科陞任

張　煥字懋文山東益都人進士萬曆三
年由南戶科給事陞任歷陞右僉都御
史巡撫南贛

沈節甫字以安浙江烏程人進士萬曆六
年由尚寶少卿陞任歷陞工部左侍郎

周弘祖字元孝湖廣麻城人進士萬曆七

年由光祿丞陞任歷陞南京光祿寺卿

王　蔚字國光直隸真定衛人進士萬曆九年由南戸科給事陞任本年改光祿

少卿

李　巳字子復河南磁州人進士萬曆九年由南考功郎中陞任歷陞右僉都巡撫保定

傅作舟字元齊湖廣江陵人進士萬曆十年由南戸科給事陞任本年改光祿寺

少卿

林應訓字子啓福建侯官人進士萬曆十一年由廣東道御史陞任

余懋學字行之直隷婺源人進士萬曆十三年由南戸科給事陞任歷陞南刑部

右侍郎

周世選字文賢直隷故城人進士萬曆十三年由南京戸科左給事陞任見任南

兵部尚書

周希旦字汝魯直隸旌德人進士萬曆十四年由浙江道御史歷任歷應天府丞

胡用賓字晉卿直隸婺源人進士萬曆十五年由尚寶司丞歷任歷僕少卿

詹　沂字浴之直隸宣城人進士萬曆十八年由光禄寺丞歷任歷南太常少卿

楊時喬字宜遷江西上饒人進士萬曆二十年由尚寶司丞薦起本卿歷任南通政使

沈　稠字時秀浙江歸安籍烏程人萬曆二十一年由南光祿少卿陞任歷陞應天府丞右僉都御史廵撫福建

顏　素字質卿直隷懷寧人進士萬曆二十一年由尚寶司丞陞任

于若瀛字文若山東濟寧衛籍萊陽人進士萬曆二十三年由河南按察司僉事陞任二十四年八月告病回籍

鄭　璧字子良四川内江人進士萬曆二

十五年由戶部陝西司郎中陞任

蔡　悉字士備直隷合肥人進士萬曆二十七年由南京光祿寺少卿起復任

于若瀛履歷見前三十年二月再任

李復陽字宗誠江西豐城人進士萬曆三十四年任三十五年八月轉北京通政

司左參議

吳仁度字君重江西金谿人進士萬曆三十七年由南京禮部儀制司郎中陞任

三十八年轉北京太僕寺少卿

閔廷甲字元甫湖廣蘄水人進士萬曆三十八年由南京吏部驗封司郎中陞任

周汝登字繼元浙江嵊縣人丁丑進士萬曆四十一年由湖廣布政司左叅議陞任

蘇茂相字弘家福建晉江人壬辰進士萬曆四十二年由江西按察司提學副使起陞四十六年陞太僕寺少卿

鄭　璧萬曆四十六年四月復任四十七年陞應天府丞

萬建崑字季瑜江西南昌人己丑進士由南禮部精膳司郎中陞天啓元年任

傅宗皐字見兪江西豐城人戊戌進士由御史陞天啓二年任陞

少卿

張　信字　　　人永樂十八年任

姜　清字　　江西弋陽人進士嘉靖十一年吏部郎中陞任歷陞南京太僕寺少卿

南京尚寶司志卷之十八　十八

司丞

楊　能字　　人洪武中任

李希顏字　山西臨　人由　科給事中陞任

李得成字　山東淶水人洪武十九年舉孝廉永樂初年任歷陞陝西右布政

宋　懷見卿

楊　導見卿

夏　瑄字　湖廣湘陰人官生景泰年

閒任歷陞太常寺少卿

沈　瑜字廷美直隸上海人癸酉舉人由

中書舍人陞任歷陞太常寺少卿

劉　偁見卿

讃曰

皇祖締搠百職肇修展采錯事熈載惠疇典

璽重職翼載

冕旒維茲姓名奕世用休表年垂裕芳聲永留

卷之十六終

南京尚寶司志卷之十七

雲間潘煥宿編輯

藝文志

明興以來

天子覃側案之慕相君宏開閣之風莫不繼組講藝彪英味道牧朔丘馬迭晉于漢庭陳劉應徐同升于魏室炳焉與三代同風矣本司歷任諸名公非不英才駿發然舊無志書凡有製作闕焉罔傳文獻無徵君子惜之兹僅得

數首姑錄之以點綴

文明之景色志藝文第十七

南京尚寶司題名記

今兩京仕者率厭南而艷北余則以爲仕無內外均之王臣職無煩簡均之王事吾人過

聖明之主際亨嘉之會結駟鳴騶食祿縮綬冀以隨地盡職因事効忠建無窮之業垂不朽之名吾官之不效名之不稱吾方日夜惴

惴而遑南北之足計哉南都爲
高皇帝興王之地
陵
闕巍然府部並列地亦何嘗不重且也鷄鳴無朝
參之勞退食鮮酬應之冗
國有大慶則顯親袷後霈澤同之在公有暇因
得以閉關下帷究極墳書博綜典故鳳臺
燕磯之勝又時可以寓目而賞心焉仕其
地者又何嘗不愉快哉而胡可以遠臣薄

也總南都寺監而上設官不下二百餘員
其尤簡而易稱者宜莫如尚寶司司署在
殿西角
文皇帝北都後兩掖門不復闢乃即直廬視事初
有卿及少卿司丞凡三員後先裁省獨卿
以司篆得不廢蓋既不得恪將夫
符璽之重又不得恭事夫
綸綍之役惟每日一至直廬書公座上直重臣守
衛官軍及五城吏士以次驗領銅符查對

牌號書卯而退有故則納牌于司復班補伍復請而懸帶焉職如是盡矣直廬南接兵科每視事出入又亟與科臣相接與朝賀燕集大祀齋宿則尚寶與六科同室而處聯席而坐都人往往以尚寶爲六科首大官給饌視六科無異其秩則下大夫乃其通籍六卿顧又遜于在科時其官使之然也余再入南垣期月而徙是官誠懼食浮于官而又幸仕優爲學顧自拜

命以來痰疾作楚呻吟終日生平志欲云云者不克斯須從事然則勞佚固有命哉司故無

題名

肅皇帝乙酉之歲内江鄭君始懸扁于直廬之中堂上刻常行事宜而列書歷任羣公于其下後至者以次續書然亦間有不及書者自張盖都後扁既盡歷沈周王李傅林六公又不復續余懼歲滋久而名滋不可考也乃旁摉往牘兼覽遺乘更爲二扁重録

舊銜補其闕略上盍黄李諸賢下迨未續七公迄于不佞姓名履歷懸之右室虛其一以俟後賢而舊扁之懸如故夫官之予奪由人而名之榮辱由已是故官以名顯亦以名隳有與日月爭光者有與草木同腐者是在仕者之自擇耳尚寶誠仙卿郎才華無以自見然前之省臺部署則行誼揭于既往後之卿寺槐棘則聞望昭于方來失之前者不可復補于後慎厥初者安

可不圖其終一言不善千里共違一行不謹百年貽辱茲昔人所以惕若于鶴鳴之占而三復乎滄浪之什也昔司馬公記諫院題名而末申之曰後之人將歷指其人而數之曰某也忠某也詐某也直某也曲今自目前遡之

國初爵里具存臧否如鏡余恐後之視今亦猶今之視昔嗚呼其柰何弗敬太史公曰烈士徇名曾論曰君子去仁惡乎成名夫成

之與猶則又有別矣司設于洪武元年曰尚寶司永樂十八年曰南京尚寶司洪熙元年復曰尚寶司正統六年以後始定曰南京尚寶司云萬曆乙酉九日新安余懋學書

南京尚寶司志卷之十五

南京尚寶司題名記

我
太祖高皇帝用武滁和大定金陵遠法成周王來
紹上帝自服土中之道西漢壯麗示威之
制首于往代都城東崇禮鄉前湖地開土
平址盛建
宮闕其上以朝萬國賓四夷命儒臣稽宋臣朱熹
所議六典建官以立民極正吏治上下内
外大小相繼相成萬億年開業弘謨保祈

遠猷卽于一時定矣官制大小各九列小
九列有尚寶司者倣古司
寶璽符章事內自
宮闕金魚外則城郊鎖鑰封閉皆其職掌公署在
西掖官制記東掖殿閣儒臣居之西掖尚
寶司璽臣居之職業不同均稱爲侍從之
臣者也自
文皇帝都燕置行在尚寶司留此爲南京
英皇帝定爲南京尚寶司給印以舊直房爲公署

舊建卿丞各一弘治間惟卿一職掌獨符牌日率五府重臣朝夜巡察守衛官軍詰朝府臣至司書卯督五城兵馬司官兵巡視内外城詰朝回報皆舊章其後屢有議諸大小九列爲冗員可省者璽司爲最既而以根本重地

先朝宮闕原廟所在重禮爲言乃如舊喬嘗以天下大形勝言

國家都極北嚮極南亘數千里而遠聲教雖訖

惟南都在其中舉北來聲教達之庶幾徧訖四方大同實祖宗卓越隆制安得以爲冗地九列爲冗官而議欲省置之也署在直房舊無題名碑自江陰劉公始治扁書名正德初内江鄭公以諫省忤權閹解任嘉靖初詔起授此官考舊制列事蹟書官聯于左壁六十年文孫鄭公自司徒郎著廉績薦晉是職乃紹祖業肇議立碑謀于宣城詹公暨喬

則謂六科碑寓清議堂言于長科祝石林公鄭春寰公願假片地偕樹碑碑成謂喬舊署僚可爲記喬憶凡記者恒曰顧令名則踐實鑒往哲則照來諸皆至言不俟更端獨以是官在南中則清秩閒署亦惟華要階梯始以有所操勵乃授既以有所樹植乃稱後以崇廣乃永有譽斯其名實爲符鑒照並遠者也嘗聞之商高宗告傳說曰惟暨乃寮罔不同心以匡乃辟俾率先

王廸我高后以康兆民欽予時命其惟有終是道也喬衰惰願學未能祗從往哲觀厥成期日來名哲踐鑒于不朽爾

萬曆二十六年歲次戊戌孟夏吉旦

賜進士出身南京通政使司通政使信州楊時喬書

吳公記事舊序

尚寶署設

內府班聯九列雖云清秩然事務至簡惟于讀書有益耳兼以近年除目不下官多曠缺不佞

已酉承之于兹問及掌故茫然無考葢因此署無丞屬寮寀又無衙門志記雖欲周咨聞見無從可覔因檢署壁間所錄

觀之惟驗

符一節爲職事之大者宿直勳貴之臣立而畫卯

事畢送至司門內一揖而退近日鬨然爭辨借執本司前任某時之誤爲口實者然安知其非誑說耶不佞開譬之以爲晝耶廼奉公以尊

朝廷若送出門遂成賓主之禮是以禁地視若私交本司惟知確守前輩所傳舊規而已因思王荊國詩古人官一職寧肯苟焉爲以尚寶之閒散且有不容不檢點如此者他可知也復閱許光祿公刊勳政記遂命書

史録出本司前輩輯録儀節于首并查值堂房租以稽公費官辦吏辦各役工食支銷數目與新置器用什物等件開列于後以便涖任者覽焉然其中工食一欵止據胥役自言從無傳授可考因陋就簡勢不得不然耳

萬曆三十七年孟冬吉豫章吳仁度撰

讚曰

文以載道彰往詔來彬彬鴻製厥有體裁匪

其立德言胡以該方冊具在以識宏才

卷之十七終

南京尚寶司志卷之十八

雲間潘煥宿編輯

宦蹟志

自班司操觚以成一代之信史百官有表名臣有傳咸紀錄宦蹟以視來者猗歟盛矣本朝制度非三品以上者不得立傳現任者不得立傳故本司職官自國初以迨於今其人品行實多不可考況南中官清事簡尤寡寥寥無可徵信者乎間從家乘

碑志稽之若存若亡僅畱千百於什一其公忠正直者用以資高山之仰雖未能畢載猶愈以泯沒無存者亶爾若夫詳譜而臚列之是有待於博雅之君子志宦蹟第十八

偰斯

國初歸附任符寶郎洪武二年改司丞

署司事

公字　應天府溧陽縣人故元嘉定州

知州來附王師吳元年授兵部員外郎本

年擢尚寶符寶郎洪武元年遣斯齎

璽書賜高麗二年高麗遣使上表來貢方物遣斯

齎印封之改尚寶司丞仍以祝文牲幣祭

其境内山川詔曰朕肇膺正統誕撫多方

乃眷爾高麗襲朝鮮之遺壤克遵中夏逾
渤海而稱臣頃詔使之往迴即表詞之來
上有加方物良切衷情益由夙慕於華風
用是恪修於臣職況爾三韓之屢世皆慎
始終屬茲四海之一家何殊內外爰稽彝
制載錫眞封今遣其官齎印仍封爾爲高
麗國王於戲保民社而王纂榮懷於舊服
守禮義之國作屏翰于東藩其始自今切
體朕命故茲詔示想宜知悉使回稱

旨日侍左右四年出知泰安州六年陞河間府知
府俱以才幹著而民亦不擾九年入爲戶
部郎中尋陞戶部尚書本年調山西左參
政十三年正月
召拜吏部尚書二月改禮部尚書三月
詔定公侯稱號
上諭斯曰自今封公侯不必加以散官已授
券誥者且仍其舊若追封公侯生則曾佩將軍印
者仍列於銜於是斯等奏定則式爲三公

侯之銜曰開國輔運推誠宣力武臣某公
某侯食祿若干石世襲者曰世襲某公某
侯食祿若干石追封者曰開國輔運推誠
宣力武臣某將軍某公某侯追封某王某
公謚某本年以年老致仕

黃　觀

洪武二十九年任革除二年晋禮部侍中掌尚寶司事

公字瀾伯一字尚賓直隸池州府貴池縣人父贅許氏生觀遂從其姓洪武甲子應貢入太學卽發解京府明年會試第一廷對禦戎策高廟嘉之擢狀元及第時年二十八除翰林修撰日侍

御前敷奏明爽

上甚眷重二十九年陞尚寶司卿未幾擢禮部右

侍郎革除元年改官制增設左右侍中遷

爲禮部侍中仍兼尚寶司卿始復黄姓與

方孝孺等日見親用靖難師起外兵已至

平原明年渡淮觀往上遊諸郡徵兵入援

奮不顧身且行且募兵至安慶

成廟已過江矣羣民推戴

成廟即位索寶不知何在或言黄觀取寶已赴上

遊起兵郎
命有司追捕沒入家貲收其妻翁氏及二女給配
象奴是日象奴叱翁氏出金銀釵釧之屬
市酒餚以供合歡之費翁佯順諾奴出戶
郎率二女及家屬十人赴淮清橋下死觀
次李陽河聞報曰
上已出奔過池之建德而羣臣奉
新皇帝即位觀分大事已去乃朝服東向再拜於
纙釵磯投水而死

張信

永樂五年任尚寶司丞十四年陞少卿

洪熙元年任卿

公字彦實山東掖縣人祖若父皆以行稱於鄉彦實孝友出於天性自幼雖饑渴飲食不先父母父喪哀毀母病數更醫不效益困聞人肉可療疾即日刲臂煮液進之遂愈永樂初鄉里上其行有司以達於朝下御史驗之信然

詔旌其門命爲尚寶司丞授承直郎進承德郎居家事二兄如父壯老賤貴一致居官治職務勤愼處同僚有善能讓有過舉率自引咎其度有容同僚或造誣毀之或挾勢陵之一不校如罔聞然遇行不當理必據義執辭不以出位爲嫌前尚寶卿朱琇輩行尊且有寵於

上亦嚴憚彥實心恒德其忠于巳九載陞尚寶少卿階奉訓大夫進奉直大夫侍

二廟監國凡上表奏則翰林書辭用寶函封畢授尚寶以綵版夾護然後行一日所上綵版内夾敝故紙旣達行在内侍以聞命臬司詰所自

仁廟召翰林尚寶詢之故彥實對云在函封内臣不敢預知函封外則臣之罪遂遣彥實自陳其同官在扈從者敎之援翰林以覬幸免彥實曰不敢自欺況敢欺君父乎臬司論彥實不敬有旨薄罰復職以是廷論重

之

仁廟嗣位首進尚寶司卿授奉議大夫

賜誥命以所授散官贈其父封其母太宜人又九

載加四品祿彥實樂聞善言初官近侍日

接內閣諸公自念我爲庶民望斯人如在

雲漢何由得聆一辭今幸旦暮相親其可

自棄袖胥論一編過閒處輒揖請教二三

公皆樂爲之盡既終篇常溯泝不厭而日

臨寫智永千文一過不廢其爲人闓敏易

直謙和無兢交處有誠年六十有六而卒

南京尚寶司志卷之十八　[illegible]

楊榮

永樂十二年以右庶子兼任尚寶司卿

時

上未定鼎於燕猶其在南中故述之

公字勉仁福建建寧府建安縣人天資英異父伯成嘗遇異人得吉地遂生榮初名子榮鄉薦魁八閩輩除庚辰會試中第三名廷對擢二甲進士入翰林院爲編修

靖難師過江同百官歸順

文皇履極更其名榮簡入內閣初入閣之臣七人惟榮齒最少最警悟一日曉寧夏報被圍上急召解縉等七人皆已出惟榮赴命上不懌示以奏曰爾後進寧解此今當遣何處兵往救榮曰不須救臣嘗奉使至彼其城堅且人皆習戰今其發已十餘日虜必已退但勅守臣固守及隣近諸城堡隄備可矣不必遣兵重爲煩擾也

上頗回顏曰待明日與諸臣議之夜半虜圍解報
至詣旦
上召榮以報書示之諭曰何料之審也喜見于色
又吉安鄉民嘯聚先遣行人許子謨齎
勅撫諭行將一月又
遣都督韓觀統兵繼之至是江西三司奏言嘯聚
者悉已復業
上以奏章示榮曰觀不至不下其降
勅褒觀榮對曰計發奏之日觀尚在中道未足褒

從之自是信任益重時四方之事方殷榮與解縉等七人旦夕侍左右承顧問受旨退治職務且兼稽古纂述之事不虛寸晷上時步閣中親閱其所治咸稱旨皆進官榮進修撰數月復進侍講階承直郎永樂二年春二月修古今列女傳書成賜紵絲襲衣鈔幣夏四月甲戌立皇太子陞春訓大夫右春坊右諭德仍兼侍講秋

九月庚申

成祖謂榮曰朕即位以來爾朝夕在左右敬慎勿懈然恒情保初易保終難朕固常思保全之道爾亦宜益謹厥終庶兩盡其美榮對曰

陛下不以臣愚陋特加委任敢不勉圖報稱

上大悦賜象笏幞頭公服尋賜二品金貯絲衣榮入謝且言恩禮太過

成祖曰卿在朕左右機務所屬賛翼之功不在尚

書下故特賜二品服以示旌異豈爲過哉

三年乙酉秋九月召榮評議諸司事宜以

奏對稱

旨賜二品金織紗羅衣及鈔幣四年丙戌二月榮

得寒疾不能造朝

成祖聞之亟命中官偕御醫蔣用文視之還奏大

賜藥物且命用文通夕守視時時奏報至痊乃已

及榮入謝重加慰賚仍令休息旬餘乃出

五年丁亥夏五月奉

命往甘肅規畫軍務所過覽山川形勢察軍民休
戚閱城堡虛實秋七月回京奏對武英殿
上大悅時盛暑
命取瓜親剖賜榮且遣中官
賜以羊酒
勅命休息十一月朔陞奉議大夫右庶子仍兼侍
講六年戊子六月聞父訃告歸
賜以鈔幣命馳傳以往既襄事乃檢鄉黨平日有
假貸錢穀弗能償者悉焚其券族人有喪

不能舉者悉爲葬之孤弱不能自存悉收
養嫁娶之有因産業致爭者割巳業界之
詔奪情起復宗戚鄉隣送行者咸垂涕去抵命未
閲月
命榮等輔導
皇長孫賜勅曰朕惟令德所成本乎天賦養正之
學實弘聖功故有聰明純一之資必有詩
書禮樂之教所以克其德性而廣其器識
也朕嫡長孫天章日表玉質金相孝友英

明寬仁大度年未一紀體具志寧動必中規言必合道好道之篤夙夜孜孜日誦萬言心領要義朕嘗試之以事輒能裁決得中斯實

宗社之靈

上天賜慶篤生異質以福佑天下而基命于無窮然宏材之建必由匠石之功圭瓚之成必假琢磨之力卿等皆茂簡德藝職輔東宮之子必資兼弼宜協心同志輔導于成廣

推仁義道德之源開陳二帝三王之治典
太祖高皇帝之大經大法凡創業守成之難生民
稼穡之事朝夕講論以涵養本源恢弘智
量克其盛大之器以爲宗社生民之福國
家有無窮之體卿等亦有無窮之聞七年
己丑春正月榮聞母訃當去職時
車駕將幸北京特畱扈從
賜錦衣狐裘鞍馬三月抵京
賜宴榮辭以母憂弗與

特命中官以珍饌送至家嘗
命從遊萬歲山亦辭弗與特召之行復蒙
賜賚秋七月甘肅總兵官都督何福言韃靼脫脫
不花王等各率部落來歸往甘肅與福經
畫還奏稱
旨賜以米鈔九月復
命持節詣亦集乃之地封何福爲寧遠侯俾經寧
夏與寧陽伯陳懋規畫邊務即抵亦集乃
封福還至甘州福盛陳餽遺一無所取冬

十一月還京復命及陳邊境便宜十事
上嘉納之賜以襲衣鈔幣八月庚寅二月從征北
虜賜衣被鞍馬途次命光祿給酒饌壬戌
成祖度野狐嶺至山巔召學士胡廣及榮指示山
川形勢與語良久奉
制各於馬賦平胡詩榮有
聖主尊居四海安天教戎虜自相殘之句
成祖甚嘉之未幾諜知虜酋本雅失里與其下阿
魯台讐殺東西奔遁亟召榮

諭曰此賊果自相殘滅如前日之詩安知不爲讖

乎榮下馬叩首且言曰

陛下德威廣布賊若不散旋當殄滅安敢拒天兵

成祖喜命

賜羊酒三月壬午

車駕發凌霄峰榮學士胡廣諭德金幼孜刑部

侍郎金純四人失道

成祖命中官二人及傳令者追尋得之時已昏黑

中官疾馳去榮等復迷入窮谷中幼孜墜

馬胡廣金純不顧而去榮下馬爲整鞍轡
不數步纫孜復墜馬鞍盡裂榮卽以所乘
馬讓之自乘孱馬從夜至旦登高涉險不
憚疲勞翼日出山望見左掖乃趨赴之至
午方詣中軍
成祖大喜慰問良久嘉榮之義復笑語纫孜曰此
中多狠汝非楊榮詎能免乎榮謝曰僚友
之分誼所當然
成祖曰胡廣豈非僚友耶何不顧而去也三月乙

未
車駕次清水源其地有鹽海旁近水皆苦鹹不可
飲人馬皆渴明日於西北二三里忽有泉
湧出清洌可愛
命榮同胡廣往觀遣中官以銀瓶汲取
成祖親嘗之味甚甘美復賜榮等飲士馬爭趨之
皆給足
命之曰神應泉又明日榮等應制撰神應泉詩銘
成祖覽而嘉之是日寒甚特

賜上尊以勞之五月丁卯
車駕至驢駒河
賜名飲馬河至是稍逼賊境
駐驊河上親選勇士三百人專令衛護不以隸諸
將
特命榮掌之胡寇平班師軍士乏食榮力言即日
召乏糧者赴中軍以
御膳所儲糧炒散與之且下令軍中凡糧炒多者
許假貸回京倍酬其直由是獲全者衆秋

七月丙寅至開平中途召榮還南京計事
至南京
皇太子賜鈔幣金織麒麟衣銀箱鏤花香帶及石
刻蘭亭兩
賜宴於翰林命隆平侯張信尚書蹇義款待且
命諸儒臣陪之及還北京賜綵幣鈔米羊酒等物
冬十月扈
駕南旋賜鞍馬錦衣褲襪及路費屢
賜珍饌嘉果九年辛卯乞奔母喪

賜白金鈔幣遣中官宋成伴送且勅速來抵家拜
　謁墓下如初喪還京
成祖召問閩中民情暨歲豐歉榮條對詳實
命光禄寺賜酒饌
勅戶部優免其家徭役八月
命考應天鄉試取舍精當衆悅服九月
皇太子命侍
諸皇孫讀書文華後殿且
諭諸皇孫曰此

皇祖近臣汝輩當禮敬榮講授有程度
諸皇孫多所進益
皇太子召諭切至且曰他日學成卽汝訓廸之功
榮在春坊每進講罷必從容以正心務德
親賢去邪尚儉戒逸之言進深見
嘉納或訪以政務必陳其切要及先後緩急施行
之序皆懇切無少避忌
皇太子每稱其忠直十月重修
高皇帝實録命爲總裁十年壬辰十一月丗肅守

將駙馬都尉西寧侯宋琥言叛寇老的罕等逃去主赤斤蒙古衛指揮塔力尼將爲邊患

勑守陝西豐城侯李彬討之仍命榮往經略榮還具言戎虜豺狠叛服常態不足以勤大軍遂

勑彬旋師叛者尋附十一年二月復扈駕幸北京賜金幣鈔米等物十二年甲午三月扈征瓦剌時

皇太孫侍行
成祖謂榮曰朕長孫聰明英鋭勇知過人今令從
行俾知用兵之法且使躬歷行陣知將士
勞苦然文事武備不可偏廢營中稍閒爾
等即以經史講說庶知古今成敗得失之
迹可以鑑戒也營每遇駐營伺間進講
皇太孫甚嘉重之四月
駐蹕興和以尚寶司乏人命榮兼掌其事凡出號
令與宣傳之事

勑旨旗牌不得榮奏允不敢發乙卯師次大石鎮晚凉

成祖坐御幄中召問足食足兵之策榮對曰宜擇將帥力屯田將得人則軍士弗擾軍士安則耕不違時不患兵食不足

上是其言秋八月還北京

賜鈔幣等物冬十一月

成祖諭榮曰五經四書皆聖賢精義要道傳註之外諸儒論議有發明者爾等宜采附於下

周程張朱太極通書西銘正蒙之類皆六
經羽翼然各自爲書未有統會卿等宜類
聚成編務極精備用垂永久
命榮總其事仍命舉朝臣及在外敎官有文學者
同修開館於東華門外命光祿寺給朝夕
饌甚豐十三年乙未三月禮部建進士題
名碑於太學
命榮爲記五月
駕幸東苑觀擊毬射柳

賜文武羣臣鈔有差榮進詩文加
賜上尊束帛鈔衣九月己酉所修書成
賜名性理大全
命宴於禮部并賜鈔幣十四年丙申四月陞翰林
院學士仍兼春坊庶子冬十月扈
駕南還賜錦衣鞍馬鈔幣十五年丁酉三月
駕復幸北京屢召問民情榮悉以實對
賜白金鈔幣金織紗羅紵絲衣帶十六年戊戌五
月庚戌朔進

太祖高皇帝實録

成祖御奉天殿受之披閲良久嘉奬再四曰庶幾

少副朕心尋

賜宴并鈔幣紗衣會學士胡廣歿榮掌翰林院事

成祖注意益隆而榮在衆中詞色嚴厲諸大臣往

往忌嫉陰欲踈之屬北京國子監乏師因

薦榮可爲祭酒

成祖曰吾固知其可汝但求可以代之者於是衆

意銷阻六月

詔修天下郡邑志

命榮總之十七年巳亥十二月進言十事皆指斥

五府六部三法司積弊

成祖覽而喜之賚與榮曰實切時病但汝爲心腹

之臣若進此言恐羣臣益相猜疑不若使

愼賚御史言之於是得監察御史鄧真俾

入奏衆皆股栗免冠請罪

詔諸司即日悛改怙終者不赦凡所改皆益國利

民之事十八年庚子正月元宵節

成祖御午門觀燈

賜百官宴并示

御製詩榮奉和以進

成祖覽而悅之尋陞文淵閣大學士兼翰林院學

士階奉政大夫特

賜宴於禮部先是

成祖以四夷諸番字中國宜解其義因選太學士

聰俊少年者習之諸生多不欲輒生謗議

上怒將罪之榮力救得免遂

命榮掌之榮訓勵得宜自是帖服不敢妄有所言

率皆有成十九年辛丑正月北京宫殿成

初御

朝賀

成祖念榮日侍左右竭效心力時密加賞賚他人

弗與焉四月庚子夜奉天華葢謹身三殿

災火勢猛烈

奉天門東偏切近密閣榮奮身直入麾衛士三百

人將

御書圖籍并積歲制勅文書舁至
東華門河次明日
成祖召諭之曰昨夜火發在目前幾人卿能收拾
圖籍不避艱危可謂歲寒松栢也榮謝曰
職分當然
成祖嘉之賜銀酒盃古銅器各一事鈔千錠壬寅
降
勅訪求民隱榮首陳利國便民十餘事
上嘉納命悉入

詔條頒行之時翰林侍讀李時勉等十餘人爲飛
言所中
成祖怒欲罪之榮力救解得免是冬兵部尚書方
賓得罪死逮及戶部尚書夏原吉等皆下
獄禮部尚書呂震侍左右屢言夏原吉儉
邪誣罔
上益怒一日御鷹坊司特
召問原吉等平昔所爲榮極言其無他二三人者
惟以數征北虜之餽運爲憂論才力或不

及憸邪未之見也由是

上怒稍釋寘而不問二十年壬寅三月從征沙漠

賜衣鈔鞍馬每軍中命公侯大臣議機務嘗令榮

參決無不稱

旨特召榮於

御幄中同公侯大臣坐飲凡有

賜賚榮與之俱其特

榮者公侯或不與俱而諸扈從文臣亦皆弗與

秋八月還京師九月宴隨征將士

命榮坐前列食上殽賜鈔幣并二品金織襲衣靴襪閏十二月甲子詔復西征方以士馬糧餉爲艱有以建文間江西槷集民兵與餽運丁夫十餘萬可徵用爲言

成祖以其奏示榮榮曰此兵夫昔有詔令復業復徵之是失信也

成祖笑語榮曰卿言正合朕意遂寢其奏二十一年癸卯秋七月扈從征西

賜羊酒帳房等物八月

駐師萬全一應軍務悉
命榮掌之自晝至夜或三接
宣詔每以楊學士稱之而不名冬十月次大咸寧
陽侯陳懋奏番王也先土干納欵命榮往
大同議納降之禮榮回營奏對稱
旨賜以御饌慰勞甚至冬十一月旋師賜鈔壹萬
貫米拾石紵絲金織衣貳襲靴襪貳雙貳
十二年甲辰三月復征北虜五月甲申榮
言軍士勞苦宜遣使諭胡虜釋其不順之

罪且請班師

成祖曰贖言深合朕意遂勑中官伯力哥及所護

諜者往虜中諭其部落歸來遂班師乙未

巡按浙江監察御史王復奏處州麗建寧

政和山寇周叔光等聚二千餘人往來行

刼浙至滋蔓請發兵捕之

命兵部尚書李慶等議防倭都指揮張翥所領勁

兵三千并閩浙兩都司各領五千總於翥

而捕之榮從容進言謂彼皆愚民或爲有

司所苦或爲衣食所窘不得已逃入山林苟活朝暮耳何敢爲亂若寬而撫之當遂散矣急則堅其爲盜之心況兵戈所加不免枉及良善願更思處置之宜

成祖曰卿言是也可勑閩浙三司招撫若復頑梗弗服用兵勦滅未晚也既而果悉順服七月庚辰次清水源道傍有石崖高數十丈

命紀年月日刻於上丁亥次翠微岡

成祖御武帳中憑几而坐顧内侍海壽曰計程何

日至北京對曰八月中可至巳乃諭榮曰
東宮歷歲滋久政務已熟吾還京之後悉
以軍國之事委之朕惟優遊暮年以享安
和之福何如榮對曰
東宮孝友仁厚天下屬心允稱
皇上付託
成祖喜命太監馬雲以羊酒賜之辛卯次榆木川
成祖不豫召榮等受
遺命傳位

皇太子遂崩衆倉卒莫知所措榮一遵古禮歛含如度謂太監馬雲等曰六師去京尚遠不宜發喪所至宜上食如常儀衆是之復條畫軍中事益嚴號令人皆莫測時議者有欲假他事作勅用寶馳報者榮曰先帝在稱勅今稱勅是詐也罪孰當之壬辰次雙

筆峰榮奉

遺命馳訃

皇太子八月至北京致

大行皇帝遺命退而復以軍中所宜施行者陳之
皇太子嘉歎
賜以白金鈔幣召吏部尚書蹇義謂曰卿其識之
他日吾將大用焉翌旦復承
命同義等議即位事宜榮首條民間不便二十餘
事上進皆
嘉納之命入
詔條頒布丁巳
仁宗即位賜榮白金二錠鈔二萬緡幣二表裏

及胡椒諸物已未陞嘉議大夫太常卿仍
兼前二職九月丁酉進太子少傅兼謹身
殿大學士階資善大夫戊戌賜銀印一其
文曰繩愆糾繆且諭榮曰卿國家舊臣祇
事
先帝二十餘年又輔朕於東宮練達老成今嗣位
須卿等協心匡輔或政務闕失朕弗聽言
則用此印密疏以聞至於再三慎毋憚煩
朕將采納君臣之間兩盡其道庶幾不負

祖宗付託之重榮頓首受命而退遇事屢有所陳仁宗皆嘉納之十月皇太子正位東宮榮以師傅之重朝夕侍側悉心匡輔丁巳大理寺奏決重罪仁宗特召少傅楊士奇及榮至御榻前諭曰比歲法司濫刑往往出于煆煉先帝嘗切戒之故死刑至四五覆奏而後決自今審錄卿與士奇同之由是寃抑者多伸理

十一月丁亥

仁宗皇帝御西角門閱廷臣誥詞顧謂榮等曰卿
三人暨蹇夏二尚書皆
先帝親任舊臣朕方以卿等自輔凡朕所行卿等
共知其有未善皆當盡言朕觀前代人主
一履尊位輒惡聞直言雖素所親信亦皆
畏威順旨諛悅取容或有忠良進一言不
納則退而杜口以圖自全致令人主因循
肆志卒至覆敗卿等當以此爲戒君臣一
體終始協心庶幾可以共圖永久因取五

人者誥詞

親增二語云勿謂崇高而難入勿以有所從違而

或怠曰此朕實心卿等勉之榮對曰

皇上聖德之至臣等其敢不勉十二月加工部尚

書仍兼二職

勅曰茲爲醜虜梗化累犯邊疆我

皇考文皇帝

宗社子孫天下臣民長久之計不得已躬擐甲胄

親率六師往行天討豈期醜虜畏威遠遁

班師之日不幸中道
皇考上賓六軍在外朕又遠違膝下及其崩殂皃
孫亦莫能知惟卿盡忠爲國報
先皇帝恩德獨爲果斷致有今日國家寧謐
宗社奠安今辰奏告忽思至此實感不巳卿重賚
曩者哀悼倉皇之際報卿甚微今追前恩
加賜卿白金五十兩綵幣十表裏寶鈔二
萬貫白米二十石特陞卿爲工部尚書前
官如故三俸俱支本色卿當領服以慰朕

懷初榮扈從北征
成祖委以軍務及
上賓之日所行喪禮并軍中處置事宜
仁宗聞訃時不及訪問至是有以爲言者遂降勅
獎諭丁巳梓宮葬長陵榮護喪事賜白金
鈔幣洪熙元年正月
仁宗御奉天門朝羣臣撤樂止行五拜禮先是禮
部尚書呂震請曰
皇上新即位天下文武之臣以暨海外諸國悉來

朝賀宜設鹵簿作樂如大朝之儀以稱聽
仰弗聽暨而震固請
仁宗曰山陵甫畢忍遽卽吉明旦朕亦不欲臨羣
臣震復進曰四方萬國遠朝
新君皆願一覲
天顔雖
聖孝有所弗忍然宜勉徇輿情
仁宗顧棨等曰禮過矣柰何棨等對曰誠如
聖諭必欲受朝不宜備禮從之翼旦

諭榮等曰爲君以納言爲賢爲臣以直諫爲忠如
朝會一事若從震請追悔何及賴卿等直言幸免
斯咎自今有弗逮卿毋惜言之各賜鈔幣
丁丑榮懇辭尚書俸
仁宗曰卿居侍從之職勤勞多矣矧
皇考賓天遠在外卿獨在側盡力綱維每瞻奉
几筵念茲弗忘今與三俸亦豈爲過卿其勿辭榮
復曰臣等祇承
先帝職分當爲過受厚祿實所未安終弗允三月

命魏國公徐顯宗讀書國子監
召榮諭曰爾宜往諭司業此開國元勳之裔欲其
家與國同久必教之讀書知道理乃可以
長保富貴顯宗孤子其篤意訓之五月庚
午朔
勑修
成祖皇帝實錄命爲總裁每朝退
仁宗還宫遇有機務須計議者必
親御翰墨書榮姓名識以

御寶或用
御押封出規畫榮條對詳悉皆如
聖意辛巳
仁宗升遐時
皇太子守南京中外恂恂奉
皇太后懿旨馳往迎至德州謁
見榮進言曰中外臣民翹首以俟遂兼程而進旣
至民心大定六月庚戌
宣宗卽位益推心委任榮承事尤謹屢沭白金綵

幣之

賜閏七月甲辰

勑修

仁宗昭皇帝實錄復

命爲總裁宣德元年丙午春正月乙卯

勑修歷代臣鑒外戚事鑒皆

命總之且

諭榮書館中編纂及繕寫官有不遵約束者悉聽

稽督責罰敢有違越者具聞黜之榮處之

適當人皆悅服八月辛未漢王叛僞命指揮王斌爲太師知州朱恒爲都督奪民馬爲戰馬放囚徒爲卒伍以金帛結京軍爲内應差百戶陳剛齎本指斥
乘輿聲言犯
闕
皇太后憂之召榮使定計榮請親征
皇太后及
上俱難之榮曰彼謂

陛下新主必不自行故敢爾若出其不意而以
天威臨之事無不濟臣請先行誓不與賊俱生
皇太后壯之勸
上從其計榮卽起行晝夜疾馳至卽合圍督軍士
築土山山成而
大駕至衆呼萬歳聲振城中漢王知不敵遂開門
出降詔討王斌等同爲謀者免漢王爲庶
人改樂安州爲武定州事平回京
賜鞍馬白金鈔幣及安樂州男婦五十餘人二年

丁未二月賜範銀圖書五其文曰方直剛
正忠孝流芳關西後裔建安楊榮楊氏勉
仁且
面致訓戒以表眷待之隆又
親御翰墨作春山竹石牧牛三圖題詩其上裝成
卷
賜榮并賜端硯御用筆墨及白磁酒器茶鍾瓶罐
香爐之類十月交趾黎利遣人進前安南
陳王三世嫡孫暠表乞立爲陳氏後

上以示文武大臣蹇義夏原吉等皆勸發兵擊利
上召榮及楊士奇定計榮曰交趾在荒服外唐虞
三代不有其地不失爲君漢唐以來雖嘗
爲郡縣然叛服不常棄之可也時楊士奇
亦賛榮言當從
上從之十一月乙未
皇太子生
宣宗皇帝親酌酒賜榮飲并
賜白金鈔幣及金酒器十二月召至東苑詢訪政

務
賜酒饌銀箱椰杯臘日
賜繡衣二襲三年戊申正月元宵節
賜文武大臣觀燈於
萬歲山命中官侍宴榮進元宵賦
賞鈔三千貫二月甲申命榮同少師蹇義等十八
人從遊
萬歲山詔許乘馬從東北門入各攜從者二人至
乾明門下馬登山繼命乘舟泛之太液池

賜茶及蜜漬珍果從至

新圜殿俄頃

宣宗乘黑騮馬至

召士奇與榮詢問民情甚悉

賜以潑醅酒人各令盡一甌復

命遊小山看西域所貢二獅復遍閱諸景日將西

令中官侍宴松林之下各

賜鈔三千貫鸚䴉一連從者

賜鈔三錠并給酒餚且傳

旨免謝明旦入
見復各賜椰子慰勞甚至三月癸未奉
命持節冊
中宮禮成
賜白金綵幣秋七月辛酉
賜遊内苑賜以金銀綵幣玉桮酒饌等物未幾
賜玉帶瑪瑙鶴頂龜筒琥珀花犀合香諸帶及龍
骨等繫腰皮裘黑貂鼠帽八月戊申扈
駕巡邊給以内廄良馬

命榮先從出塞曰

賜御厨酒饌乙卯師次寬河遇虜衆將入寇且道

隘師難並進

宣宗親帥師勦平之甲子班師還京榮進平胡詩

凡十篇各立題意

宣宗皇帝覽之喜屢沐白金鈔幣之

賜十月乙酉不欲煩榮以有司之務乃

賜勑獎諭曰卿祗事

祖宗多歷年所忠謨讜議積効勤誠朕嗣統以來

尤資贊輔夙夜在念圖善始終益以春秋
高尚預繁劇優老待賢禮非攸當況傳保
之重寅亮爲職不煩庶政乃副倚毗可輟
翰林之務朝夕在朕左右相與討論至理
共寧邦家職名俸祿悉如舊卿其專精神
審思慮益致嘉猷用稱朕眷注老成之意

一日
上問今日之貪誰甚者榮對曰莫甚劉觀
上撫掌歎曰除惡務本及楊士奇薦顧佐可代榮

曰佐亦嘗爲京尹能禁下吏政清弊革有
旨令劉觀巡視河道拜顧佐爲右都御史十二月
兩遊南海子
賜羊酒及鈔四年己丑正月陪
祀南郊賜金銀鮮果等物五月端午節
賜扇及五色長命縷繫腰等物七月建議鈔法
上以榮有益國利民之心
賜紗羅羊酒果物八月
賜枸杞湯且令中官吳誠諭

旨曰服此可以延年益壽可以祛諸疾九月重陽
節
賜宴及
御製詩一章尋給
賜河南男婦六人十月癸未
駕幸至文淵閣
賜詩文鈔并酒饌十一月有囚犯告都御史顧佐
累枉人重罪不聽訴理者
上大怒召榮及楊士奇諭曰此必有重囚教之排

佐小人陷正人不可不究治及法司鞫之
實千戶臧清殺一家無罪者三人當死敕之
誣告立命磔清於市五年庚戌正月元夕
命觀燈於
萬歲山賜宴樂以詩進賞鈔六十錠凡遇時節必
賜以詩章及内珍羞異果壬戌
兩朝實錄成賜白金綵幣羅衣鞍馬宴於中府尋
賜鈔一萬貫并猪羊海魚等物二月乙未
宣宗侍

皇太后謁
長陵
獻陵庚子
宣宗以
皇太后命召見榮等五人於行殿諭之曰皇帝數
言卿等忠勤今天下清寧民生無事是固
祖宗福佑家國亦惟卿等賛襄之功
賜以酒餚及金織紵絲表裏辛丑進詩謝
恩三月巳酉回京

賜青紅玃子駝褐四月丁巳
皇太后千秋節
賜鈔三千貫甲申陞少傅仍兼前二職階榮祿大
　夫三俸俱支固辭大學士俸
詔許之丙申賜宴文華殿
宣宗親待焉
賜鈔一萬貫六年二月甲辰
聖節賜宴恩賚甚厚乙巳復
賜宴內廷特

賜詩一章褒嘉之榮昔有賜賚必奉親及親歿而
朝廷恩眷日隆璽給三俸恒以親不逮養爲歎乃
請以少傅俸於鄉邑給受以供祭祀及周
卹親族故舊朋友之貧乏者七年壬子正
月元宵節
賜觀燈於內苑仍
賜白金綵幣遣中官送於其第秋七月屢賜
御製祖德詩招隱歌猗蘭操重陽節
賜宴及內醖珍羞十一月丙寅

皇太子千秋節賜綵繡麒麟襲衣八年癸丑七月
吏部奏少傅滿三載
賜宴禮部降
勅奬諭曰卿以博通之學明敏之識練達之才歷
事
皇祖
皇考踰三十年多効勤誠以樹勞績朕承
祖宗大統亦惟資
先朝舊臣以匡以輔共圖康濟𦍒自朕即位以來

卿秉誠心躬勤夙夜攄其嘉謀嘉猷贊助
不逮朕飭武事綏懷夷狄而軍旅之政四
裔之情明習周知莫踰卿者忠言讜議裨
益惟多肆特陞弘化之職今滿三歲嘉念
良深特宴勞於禮部仍
賜勅奬諭於戲自古人有言人惟求舊惟朕以至
誠任卿惟卿以至誠事朕同務戒儆以令
始終庶幾允釐天工用光
祖考欽哉九年九月扈

駕巡邊給以天閒名馬光祿寺日供酒饌北還恩
賚甚厚十一月甲戌朔
賜詩褒嘉詩曰
武夷巍峩青挿天丹山碧水相連延扶輿
磅礴之所産往昔奮起多名賢只今繼續
楊華芬漢清白吏有遠孫明經策第登詞
垣
皇宗承天御天下竭職論思靡餘暇懷忠秉誠履
堅貞臨事果達智識明禁中頗牧材卓犖

風雲驥足千里輕顧予匪德嗣天位旰食
宵衣急圖治普天之下率土之濱安危休
戚繫於一人大厦之興藉梁柱爲邦必資
輔弼臣卿事

文祖兼
仁考歷年固多身未老方兹倚重傳予保士有大
抱負堯舜其君民勗哉弼違補闕輔吾仁
齊芳昔賢耀千春十年乙卯正月甲戌

宣宗晏駕榮與少師蹇義等僉議即位事宜舉懷

羣情壬午

英廟即位累

賜白金綵幣鈔錠丁亥往視山陵還奏稱

上復有白金鈔幣之

賜夏六月戊申命護

梓宮葬景陵

賜白金二百兩文綺一表裏鈔二千錠山陵畢復

賜白金鈔幣秋九月庚午

勅修

宣宗皇帝實錄命充總裁
賜宴禮部冬十月辛亥
命監立
天壽山碑
賜白金五十兩紵絲羅四表裏及上尊珍饌十一
月丁丑以
聖節賜綵繡雲鶴襲衣寶帶明年丙辰改元正統
榮與太師英國公張輔等二三大臣建議
開

經筵以緝熙
聖學詔可其奏且命精選儒臣充講官降
勅勉諭曰朕祗奉
天命嗣承
祖宗大寶統御天下用主神人而即位以來弗遑
夙夜永惟厥道以學乃明今以初九日
御經筵命爾翰林春坊等衙門儒臣分直侍講夫
大道原於天堯舜禹湯文武以隆政教而
周公孔子闡明之我

祖宗世所師法以安天下卿等宜盡心竭誠相與
討論務歸至當毋隱而弗彰毋曲以徇好
庶明之於心誠之於行以興治化以福蒼
生用不忝天與
祖宗之命欽哉故諭三月丁卯朔
上臨軒策試進士榮讀卷
殿中勞以羊酒庚午宴禮部甲戌
上御文華殿開講榮講堯典克明峻德章敷析明
暢音吐鴻亮

聖心悦豫賜白金五十兩綵幣四表裏鈔二百錠
即宴於禮部尋復
賜金織紗羅襲衣金箱玳瑁香帶各一榮以
累朝舊臣親受
顧命被
皇上眷寵優異慨然以身任天下之重精力瀕老
而不衰遇事雖繁劇應之常若簡而有餘
凡所論建動協人心夏五月甲申奏少傅
滿六載勞以羊酒鈔幣三年戊午十二月戊

辰陞授光祿大夫柱國夏四月己巳
宣宗實錄成
上御奉天門慰勞再三陞少師
賜白金一百兩綵幣六表裏鞍轡名馬宴於禮部
辛未復
賜玉帶金織麒麟羅衣五年庚申二月丙戌從
耕籍田禮成即上章請告展先塋
詔賜允降
勑書諭遣曰卿以宏才碩學事我

祖宗居密勿之地者四十年小心恭謹簡在惟深

朕嗣承大統仰惟負荷之重倚任老成用

圖康濟講學以明治道而克啓沃之崇敬

以監成憲而克欽承之修政以安黎庶而

克相成之肆海内寧一庶幾小康卿以先

寵久違請告展省朕惟孝思名教所關特

從所請於戲古之大臣君子體國如家令

聞長世卿其念

先朝寵眷之隆及期而來未諧寅亮之功以副朕

之倚望

賜白金紵絲鈔幣上尊羊豕凡諸餼具稱之且命

内侍阮江伴行水陸給驛公卿大臣出祖

都門外觀者塡道朝野榮之至家省先壠

饋奠惟謹大散賜金幣帛遺諸宗親故舊

無不及者賔客過宴洽累月六月還京力

疾就道次杭州而劇卒於武林驛享年七

十内侍阮江以訃聞

上爲之慟輟視朝一日贈特進光祿大夫左柱國

太師謚文敏遣禮部尚書胡濙等諭祭仍
命江護喪歸其里工部遣官督所在有司營墳以葬榮在郡庠時外祖家自母兄子和歿後貲産日替養其遺孤俾有成立春秋親奠墳下閭里有困於賦役而流竄者竭心力營護招其復業俾父母妻子咸得聚處無離散之憂或有忿爭者輒求判正無不悅服及來京師鄉人有囚繫輸作謫戍者皆隱憫貧給之不令失所其有疾病死喪者或施以

醫藥或給棺衾葢所濟益廣其在
廷薦舉惟賢無間親疏人有因事詿誤而囚繫
者則從容爲之解釋
上知其忠直罔不聽從而陰受其惠者多矣三四
十年間日侍
四聖左右參賛機務惠澤及人不可勝計人莫能
知榮亦未嘗言至其往還兩京辛勤勞悴
從征胡寇乘危蹈險人所弗堪亦未嘗告
勞

朝廷有大慶會分獻南郊
遣祭孔子
持節封拜宴待遠人無有弗預進退起居皆有常
度凡所存所履務恊理道絕不爲戲狎之
言褻玩之事論事
上前詞氣溫厚委曲至與僚友分别淑慝審辨邪
正則凛然不可犯暇時接見朝士大夫及
方岳牧守從容咨訪時政人才以備顧問
嘗於所居東偏搆屋若干楹環植花木扁

曰靜軒退朝之暇衣冠正坐焚香煮茗與所知談論經史每至夜分又於朝門之東南築室十餘楹樹以槐椰退食則燕息其中或邀翰林諸公宴會爲樂少傅楊公名其堂曰聚奎并爲文記之東里稱其爲人闓疎果毅遇事當爲奮前不疑於論古人必欲出新見不肯苟同議刑辟卒歸寬恕於四裔邊徼事及邊將勇怯知愚靡不通知故忖量事勢卒稱旨說者與其相業有

姚崇之風焉所著有默菴集雲山稿靜軒卷退思集北征訓子編傳於世

袁忠徹

永樂十七年任尚寶司少卿

公字　別號靜思前人世居南昌至七

世祖子誠仕宋累官刑部尚書南渡時扈

蹕家於鄞六世祖芳爲吉州泰和令高祖

鏞咸淳進士爲宋死節曾祖澤民養道不

仕祖士元爲元翰林國史院檢閲父珙

國朝太常寺丞贈中順大夫太常寺少卿母倪

氏封恭人自幼穎敏神氣異常讀書強記

童丱時已能詩文凡名士鉅儒一見知爲
大器太常君精于風鑑公得其傳
文廟在潛邸時聞太常君名以書幣
召之公隨侍
文廟見公論相大喜賞賚甚厚尋許歸家未幾
高廟崩
建文嗣位信任非人猜忌宗室
文廟不安因有靖難志召公問之對曰天命有在
誰能禦之奉

命纂人象大成書以獻賚予有加壬午夏

文廟入正大統遣使

召公父子至官其父太常寺丞且曰忠徹臨事有

斷制所言多驗特授鴻臚序班賞賚殊厚

公入謝曰

陛下當畏天修德偃武崇文率由舊章振肅綱紀

樽節財用明慎賞罰禮貌大臣黜陟臧否

用臻太平之治並

賜嘉納壽知公在戎籍即令兵部釐之又嘗勉公

進學公以務冗對遂陞尚寶司丞且日此
職有暇可親詩書公退而感激不怠庚申
改中書舍人己丑春營北京公扈從既至
日與大義復遣中使
召太常君至父子相隨出入禁庭尋密遣公乘傳
看楚王子重瞳公還奏無他異庚寅春以
公父高年優賚遣還公扈北征既還
上屏左右從容密問大臣優劣之狀武臣丘福朱
能張輔李遠陳懋柳升薛祿文臣姚廣孝

夏原吉蹇義金忠吳中呂震李廣方賓公
一一論斷以對
上曰卿所識鑒正合朕意是歲冬太常君卒賻葬
加厚公奔喪畢詔起復之癸巳春扈從至
北京甲午春復扈征乜刺乙未夏
上謂公曰東宮不聞教子對曰臣聞古者不親教
子宜選文學老成之人以輔導之責其成
遂選儒臣儀智陳山等日侍講讀丙申春
秩滿復尚寶司丞特加賞賚戊戌春

召公至便殿示以進陞之意公固辭以父未有贈
官即日
召吏部贈其父官
賜誥命公益感勵進相書機要庚子陞尚寶司少
卿恩典稠疊莫與爲比壬寅春扈從北征
公言利出東路
上不從泊還軍在東者果大獲復覩將兵者得利
已而捷至每從征所言無不驗者
仁廟登極待之尤厚

賜誥命尋
賜還家燎黄省視
宣廟嗣位
召至京宣德改元丁内艱不獲奔喪
詔以從子代還襄事一日覲
上容色曰宗室人有謀
上之意七日内果有報漢王反狀者公扈從往征
之既還受賚彌厚甲寅春得展祭還乙卯
春令

上嗣位公入朝己未夏懇乞致仕既得請南歸傾
朝縉紳祖餞都門外公之術奇驗于
文廟者不能盡述若公效忠讜論則人不及知者
甚多如終大孝之情而甚密機事論養賢
之實而贍其取給乞賜孔氏玉軸之誥歷
言遣使取寶之非議武職妄准終喪諫服
藥勿信方士如此之類皆有人所難者休
官居閒二十餘年忽遘疾顧其子曰死生
常理吾何憾惟誠信忠厚可以立身汝安

勉之屏藥端坐而終公生於洪武丙辰十一月七日卒於天順戊寅三月三日壽八十有三公爲人慷慨有大志不隨流俗正論毅然不以利害少沮與人交洞見肺腑不立町畦見人患難惻然力援傾囊不惜理有不直者面折不少借其致政也聞

朝廷出令之善用人之當則躍然而喜有不便于民者必憂形於色此其爲人豈特風鑑一事可稱道哉所著鳳池吟藁符臺外集若

干卷附錄

公得其父太常珙之傳以相術妙天下嘗道姑蘇過閶門沈氏一子方周歲抱求觀尚寶笑且撫其首曰切頭切頭更無他言沈以爲戲耳其子長名洪凶狠不肖竟坐重辟是歲錄囚止此一人吳諺至今有沈洪出閶門獨殺之語又嘗入南濠徐生藥家生子適三日方浴而啼尚寶及堂聞其聲曰是一強盜耳

徐聞而怒幾欲捶之子後亦以採允論然古有視熊狀而知滅族聞豺聲而識喪宗者殆不多讓也居鄉時友人家一童子姿貌部秀且性機警尚寶相之以爲不利于主使逐焉友雖素神其術然意不忍也數言之不得已而聽之童既去無所歸往來寄食于人一夕宿古廟中久不寐見墻角一破衲中裹金白約數百兩欲取之忽自嘆曰我以命薄不

得主意横被遣逐今更掩有此物則是不義天益不容矣當守之以待失主至旦遂住廟中不去已而聞哭聲見一婦人掩涕而來四顧彷徨問之荅曰吾夫軍也以事繫獄應死指揮某者當治之妾賣家産及假貸通得金銀若干將以獻彼因裹著破衲中挈之過廟少憩不覺遺下今追尋無得吾夫分死矣童歷問其錠數多少皆合即舉以還之婦感

激欲分以謝不受遂携去夫因得釋念童之德徧以語人某指揮者聞而異焉令人訪致之育于家年老無子悅其美慧遂子之又數年致仕此子遂與襲職歸而告拜故主主嘆曰袁君之術乃疎如此乎留之遲袁至使仍故服捧茶而出袁見之驚起曰此故某人耶何以至是主謬云遂出無歸今又來矣袁笑曰君無戲我今非君僕矣三品之武官也

形神頓異疇昔豈嘗有善事以致茲乎
此子爲備述前故友乃嘆袁術之神焉
盛琦寧波衛人少服役於劉指揮家袁
尚寶忠徹過劉見其執扇在傍謂劉曰
善視此兒乃進士知縣也後果業舉子
登商輅榜進士授無錫知縣
東溪先生楊浩然諱集髫齔時父穀堂
徵士諱宗字叔振命早過鄰家黄氏其
家門尚未啓從門外呼之有一人聞叩

門聲闇中呼先生將與語先生心懼不應急扣而入論事畢天已明黄氏子式送出門其人猶在注目良久問曰汝爲誰氏子旁人謂曰楊姓其人曰惜哉吾初聞其聲法當位極人臣名滿天下故竚立伺之今觀其貌與聲不稱後日官亦至五品然其聲洪遠不在其身子孫必有興者又謂黄氏曰此兒亦不凡位當七品言畢竟去徵士聞其事遣人追

訪之其人乃袁忠徹也東溪先生年十八爲縣學生嘗齎
詔至福山巡司例有欵贈銀五兩同行者又二人皆長年庠友也盡取之止以欵筵食品送先生先生以二人皆前輩口雖不言而心甚不平其地濵江逕向江獨步而去二人疑先生有後言徐躡聽之先生至江濯手欣然笑曰巡司齎
詔豈吾志哉顧此輩常享例贈矣二人竊聞之從

後遽推先生入水先生兩手下拒入沙
土中持一物起視之乃銀一錠此銀入
水久爲波浪洗嚙光潤瑩白傳玩可愛
適與巡司贈禮輕重相符人共駭異醼
酒臨江歡宴而别後先生以景泰五年
會魁及第觀政兵部以章綸鍾同事上
書言之進一級除安州知州後亦下制
獄去位我朝進士五品出守自此始壽
七十八終黄式以歲貢官至知縣忠徹

神鑒並驗云

楊導

天順元年以南京太常寺卿掌尚寶司

事

公字叔簡江西泰和縣人

贈太師謚文貞士奇之子正統初奉

命讀書内閣十年以蔭補尚寶司丞至成化間歷

陞卿久之上疏言尚寶司官才可用者宜

以例推舉既得

旨允之而竟不見舉導不能平乞改任南京以秩

滿陞太常少卿仍掌尚寶司事成化十九
年五月卒
賜祭如例尊少豪放後折節向學博涉經史能詩
賦論談亹亹不能下物在一時大臣子能
文者稱尊云

卷之十八終

南京尚寶司志卷之十九

雲間潘煥宿編輯

宦蹟志

夏瑄

天順二年掌南京尚寶司事成化二年進卿

公字韞輝湘陰人父太師忠靖公原吉歷事

四朝豐功偉烈著在

國史公忠靖公次子少穎敏喜讀書嘗竊觀忠靖
奏草及忠靖朝退必請問所議事忠靖笑
曰是非爾所知也然心默喜之胡公濙嘗
夢
上以櫻桃一盤
賜忠靖二子長子瑄不敢受而公獨受
賜後瑄卒胡公以告忠靖曰繼夏氏者必此、、
仁廟嘗顧問忠靖曰卿子年幾何欲以近
忠靖曰臣子幼稚非食祿時

陛下未晚也宣德五年忠靖薨
宣廟震悼不已即日遣中官致
命於家拜公尚寶司丞明日公與叔父原禮入謝
時公年甫十有三進退有度
特賜冠帶衣服公扶柩歸鄉里
宣廟憫公幼特免守制使養母於官而別遣官護
喪歸且厚恤其家公強記過人太師張公
輔呼爲小友少師蹇公義而下多公父執
禮重之正統初

英廟追念忠靖勤勞
特賜公田十八頃而蠲其税楊文敏公榮將歸謂
公曰尚寶非處君地吾還當薦君未幾楊
公卒不果雲南夷逆
命公上疏乞立功自效尚書王公驥竒之欲以公
往有沮者乃巳八年
命署尚寶司事公以母疾乞侍養還鄉母愈乃就
職時四方多事公上疏陳七事一謂湖廣
苗本異種必有首惡糾合爲寇宜密令諸

脅從

諭以利害誘以重賞使反兵相攻然後出其不意擊之必破一謂苗出遠劫必使老弱守寨宜分兵間道擣其巢穴則賊分而勢寡一謂北虜雖每歲朝貢狙詐難測宜令知兵者行邊旌勇智退老弱繕器械修城隍謹烽堠以備不虞一謂福建盜作師久無功使賊勢日張民困轉輸不得耕食是益盜也宜督將臣乘時殄滅多見採納十四年

虜犯京師公憂憤陳四事一謂虜乘勝遠
鬬鋒不可當宜堅壁勿戰使進無所得退
復氣沮然後出奇設伏諸道奮擊破之必
矣一謂虜深入吾地宜令死士夜襲其營
仍設伏内地以待追者一謂虜旣舉國入
寇邊無所禦宜調邊兵之半入捍京城内
外夾攻彼將自潰一謂我軍依城爲營進
無死志退有所歸宜嚴令以堅其志如以
三隊爲法前隊戰退中隊悉斬以殉則士

畏法而不畏敵矣

詔亟行之後虜使至公又言虜無故遣使與吾譯者偕來必佯爲遜詞以緩我應援揣我進退覘我虛實或爲誑事虛情以亂我謀或賂我譯者令爲反間宜慎防之以觀其變又謂虜若引退宜分兵五路間道襲之以正兵二路當其前以奇兵二路攻其傍以伏兵一路絕其後又以宣府大同諸路邀其歸蓋彼方恃強不虞吾至且待使回犯

我而我先奪其心勢可必破况今太陰犯昴主胡不利太白出高用兵敢戰吉臣以天道人事機不可失當道不能盡用其言公又言虜既得利今冬來春必圖再寇今汝寧鳳陽諸府及河徙故地流移之民無慮百萬恐因隙而動爲患不淺願假臣便宜使召募智勇以爲國用仍條陳事宜以爲先召吏士及其故老俾各舉所知凡舉主及所舉勞以酒幣揭名於旗以倡忠義

然後榜諭凡有知兵敢戰習騎射諳地利能爲間諜者許以官賞復其家一丁以給其力事平之後不願爲兵者釋之教閱之法以百人爲率擇其能者十人以教其九十人兵集既衆又習戰法可以捍京邑可以消外變事下兵部尚書于公謙請試用其才侍郎王公偉公知巳也時爲監察御史亦請

勑公募兵淮揚會事定不果久之公以母老乞就

養金陵

命掌南京尚寶司事三月丁鄭夫人憂上京師復陳三事曰賞罰以爲御將不可不嚴任吏不可不寬宜罪敗師棄守之將以戒不忠增廉官能吏之祿以勵不任曰去利以爲善治國者不損民以益已因舉近事以利致害者貪虜入貢致生邊患窮兵麓川以疲中國其弊在上汚吏賣民以妨文治貪將虐兵以耗軍伍其弊在下宜減浮費以

輕徭賦省游食以足軍儲惜民力以培邦本又謂貴州宜仍洪武舊制置行都司罷藩臬郡縣命一良將輔以文臣使專決於外以寧邊患曰審機以爲制敵之機係乎攻守之得失因舉近事之失機者虜初寇大同氣鋭鋒利不當戰而與戰以致敗績一也宜府懲彼失利畏愼太過虜經其城當戰而不與戰以致土木之敗二也及虜越重關犯畿甸自納其死而我過爲防禦

無所施措以致大變三也宜鑒覆轍懷遠
圖揚天威以雪國恥大學士高公穀見公
疏薦於朝亦不果用奉使

秦府充
册封副使凡所
賜遺悉不受天順二年公以疾請
命掌南京尚寶司事踰月遷少卿八年
賜誥命特贈所生母王氏爲夫人成化二年進爲
卿時五府多闕惟都督一人公奏守衛事

重非一人可任乃

命四都督徃更宿衛十四年九載考最陞南京太常寺少卿仍掌尚寶司事方圖請老歸守

先塋無何疾卒未卒五日猶力疾草疏大略言臣伏見

太宗文皇帝賜

皇太孫

勅諭皆農桑軍國爲政治民之要誠

祖宗貽謀之至意願

陛下置諸左右覽而行之仍命
皇太子讀誦使預知民事艱難守成不易則不必
遠求諸古而天下可治臣懷此言未敢輒
上今臣病旦夕死此而不言永無日矣命其子崇
文
上之計聞
上遣官諭祭於南京

白玢

成化二十年任南京尚寶司卿

公字宗璞常州府武進縣人公生而聰敏少喪父母落落無所依遂挾書往金陵之句曲山寄跡朱陽館從黄冠游忽感悟自奮乃之京師學於翰林編修徐先生文式及今閣老徐先生之門久之大有所得補府庠博士弟子員益刻厲問學竟領成化戊子鄉試明年試禮部

賜進士出身授戶部浙江司主事主納通州軍儲以勞疾告歸抵家踰年復起轉貴州司主事主納

內庫銀絹壬辰給賞遼東邊軍往時銀積羨餘所司多侵匿君悉歸之官癸巳南京公幹遂勘理浙江諸路鹽鈔時權貴私販累數十萬商人大沮君極力裁革人稱便焉比還陞本司員外郎甲午夏持節充副使往湖襄

封王及妃有所
賜予悉辭不受陞陝西司郎中癸卯
朝廷以運舟稽緩
命君催督首責香藥綱運之爲奸弊者其徒歛避
事賴以濟山陝荒歉人相食議舉納粟之
令他如僧道度牒生員入監各以差入銀
實官榮其所出納皆公主之人稱廉公未
幾有南京尚寶之
命公體素瘠而才識豐贍遇事立辦談議風生故

爲時所推許性孝友自傷蚤失怙恃因名
其讀書之軒曰思親示終慕之意事諸兄
敬愛處友和易持身謹慤人未嘗見其過
初在鄉里或嫉其新進公謙以處之既仕
貴顯益置不問人多其有容嘗買婢見其
有戚容問之知其官人女也既養以爲女
擇良士配之兄姊老分俸以贍姪鎧爲郡
庠生即捐俸金入官俾得援例補國子生
其行義多類此公起孤寒矻矻嗜學無所

慕乎外既仕久始買宅於興仁坊之西凡祖遺業悉與兄姊居之既進列卿復得南畿密邇鄉邑乃於興仁之第築圃鑿池種竹搆小軒三楹榜曰隔塵且曰吾得釋去繁劇將營菟裘老焉豈意遽止是耶惜哉有遠行稿思親軒稿若干卷藏於家

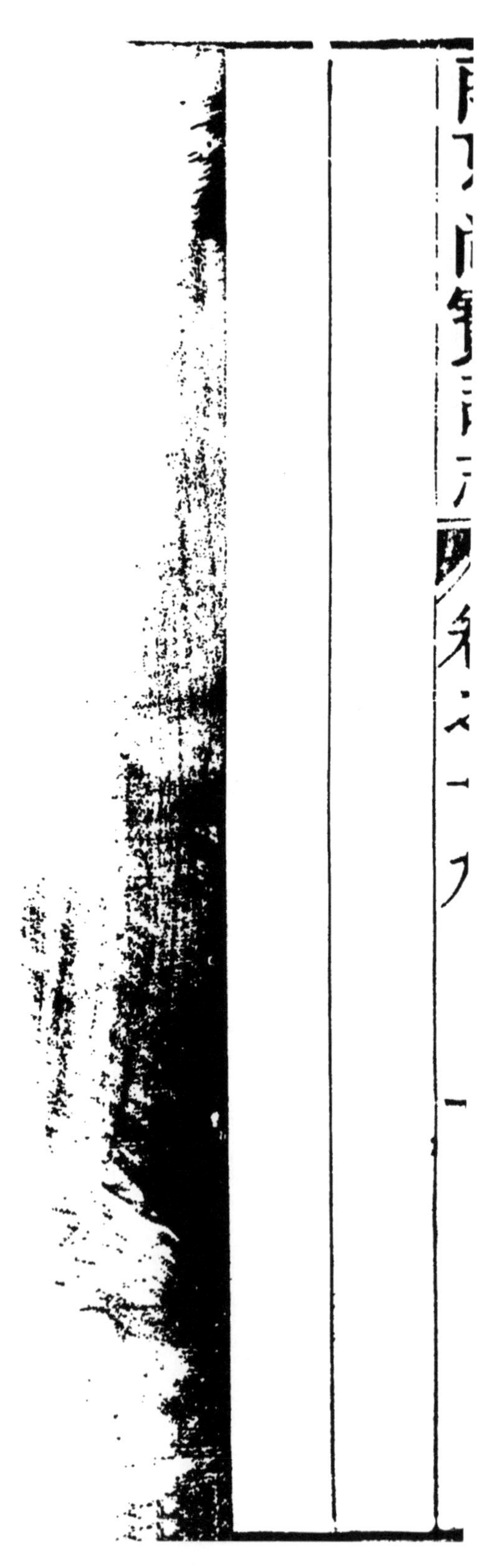

李應楨

弘治元年任南京尚寶司卿

公字貞伯直隷長洲縣人舉鄉試成化元年授官中書舍人十四年陞南京兵部員外郎二十二年晉郎中弘治元年轉南京尚寶司卿四年陞南京太僕寺少卿致仕六年七月卒年六十三

賜祭如例應楨性峭介與衆寡合好面折人過善楷書爲中書舍人時直

文華殿有
旨命寫佛經辭不應且上䟽曰聞爲天下國家有
九經不聞佛經也於是忤
旨廷扑之因罷殿直人以是稱之

韓鼎

弘治八年任南京尚寶司卿

公字廷器陝西慶陽府合水縣人辛丑登進士第乙巳選爲禮科給事中丁未孝宗嗣位首陳公銓選經財用嚴兵衛崇天道四事尋差陝西寧夏二鎮給散官軍賞賚能盡革侵漁之弊由是人沾實惠戊申遷右給事中時西夷貢獅所過騷然上疏言陛下初政放珍禽異獸天下聞而頌之今未踰年

而納此貢恐無以示信於民宜罷遣之又
以
皇嗣未廣爲憂上言禮
天子一娶十二女以廣儲嗣重大本也今舍是弗
圖乃信邪說建設齋醮將以邀福不已惑
乎
上感其言優詔答之進左給事中太常卿丁永中
少卿蒙以祺俱由黃冠金紫神樂觀董素
雲竊祭服售人事覺因火其贜以滅跡永

中等庇素雲以災聞鼎請明正其罪且乞
用文學之臣以充太常庶知法守素雲乃
下
詔獄衆論快之
親藩將行婚禮
詔給淮鹽一萬引爲助上言凡
賜鹽須遣中使支鬻因多市私鹽舟艦塞江官莫
敢問鹽法且大壞請令有司給價與之便
詔如其言是時四方奏報災異甚多

上懼撤樂減膳詔百官修省言缺失乃陳謹大要
堅大信崇節儉簡大臣重藩臬五事明年
辛亥又上明正學遵舊制抑異端三事復
因星變極陳時弊指斥貴近無所回互且
乞遍覽羣臣奏章言有理者悉施行之
上皆嘉納擢通政司右參議乙卯應
詔陳言有克實心以消天變清軍匠以省軍儲正
服舍以革僭越抑豪右以便商民數事言
亦剴直調南京尚寶司卿尋改南京通政

使司左叅議庚申擢右通政駐平安鎮督
理河道申明禁例不爲貴勢所奪又置朱
家淺等閘使水有節縮濬汶上萊蕪諸家
泉及淤河運舟賴之隄南旺湖以障泛濫
民得耕種其湖内田流徙復業乙丑擢通
政使督理柴薪於易州廠盡剔宿弊完逋
薪一千七百萬有奇以毋憂去職服除遷
戶部右侍郎遂引疾致仕既歸脫略邊幅
日與親識觴詠爲樂鄉人益敬重之後生

被其接引者皆自以爲得所歸依不忍去
正德乙亥卒壽七十九鼎爲給事中遭際
聖明言輒爲
上所用天下多稱其賢嘗謂言官進言宜切時弊
證以先王之法酌之中道庶有裨於治其
考績當以所言事
國家大計者多寡爲殿最不當敘文書出納爲勞
又謂攻君之過不若養君之德諫官言事
當在經筵進講後識者以爲名言蒞官所

至皆著能聲而平安惠政尤多民思之爲立生祠云所著有斗菴集一卷尚寶司實錄一卷慶陽府志十卷藏於家

南京尚寶司志　卷之十九

張芮

正德六年任南京尚寶司卿

公字文卿山西平陽府安邑縣人成化戊

戌進士選入庶吉士歷翰林院檢討弘治

初預修

憲廟實錄暨會典正德初復修

孝廟實錄轉修撰正德三年陞侍講學士見逆瑾

長揖不拜瑾啣之以憂歸所居近河南運

司鹽商有訐奏者詞連及芮時逆瑾方欲

以事裁抑儒臣遂連坐出爲鎮江府同知四年再謫兩淮鹽運司副使本年遷浙江處州府同知瑾誅始入爲南京尚寶司卿六年進南京太常寺卿陞南京工部右侍郎未任致仕芮爲人朴實其處僚友無忮害心然性嗜酒終日酣酗於種學績文非其好云

王崇獻

正德十三年任南京尚寶司卿

公字　山東兗州府曹縣人弘治丙辰

進士改翰林院庶吉士授禮部主客司主

事正德元年養病二年致仕五年起用六

年補兵部職方司主事九年陞武選司員

外郎十年陞車駕司郎中十三年陞南京

尚寶司卿十四年養病嘉靖七年起南京

通政司右叅議本年陞太常寺少卿八年

陞南京太僕寺卿十二年推巡撫寧夏忤
當道抑改都察院左僉都御史乞求原職
致仕未任

費寀

嘉靖六年任南京尚寶司卿

公字子和江西廣信府鉛山縣人祖應麒生五男曰珦鄉貢士曰瑄舉進士貴州叅議曰璠以子文憲公宏貴贈少師曰璵郎寀父曰瑞鄉貢士娶張氏生寀在娠七月而誕弱僅盈掌然啼聲若鐘左耳下有七子識者知其非常人也長益頴異正德丁卯舉江西鄉試辛未舉進士選庶吉士

讀中秘書癸酉授翰林院編修時寧濠陰
蓄異志以婁氏故欲結納之宷拒弗近濠
中嚮之會濠賂倖貴謀復護衛文憲當國
柄持不可宷贊協之功居多翌日矯旨褫
文憲及宷官比歸濠遣人陰伺之乃微服
從小舟夜數易泊所以避不測文憲舟果
爲濠黨所焚僅以身免抵家濠猶使羣盜
刼掠墳墓已卯濠殺撫臣以兵叛宷間道
走贛州上書王中丞守仁曰先定洪州以

覆其巢穴扼上游以遏其歸路使彼進退失據將成擒矣既而濠敗誅辛巳

世廟繼大位復起編修充經筵官嘉靖壬午纂修

武廟實錄未幾丁母張氏夫人憂乙酉服闋以實錄成陞左春坊左贊善在講筵凡進講尚書孟子者六明白剴切

上每改容聽焉丁亥陞南京尚寶司卿庚寅改右庶子兼侍講掌南翰林院事癸巳陞南京右通政甲午改南國子監祭酒是歲陞南

京禮部右侍郎乙未改南吏部右侍郎盖
宦於南者十有二年凡六轉官焉丙申
九廟覃恩給
誥命辛丑改兵部左侍郎
上以講幄舊臣壬寅復改禮部侍郎兼學士掌院
事應
制奏靈雨嘉禾諸頌
上俱見褒納冬至大祀圜丘
命充導引官甲辰陞禮部尚書兼學士掌詹事府

事未幾
命掌部事自是舉大典禮儀朝政咸得盡力焉
上由是知之而眷之深矣乙巳
太廟完加太子少保凡
册妃告
廟及遣祭諸神祇咸以命之金幣之賜不絶丙申
命撰應制諸文賞賚日益厚丁未二品考秩
上遣中官
賜羊酒寶鏹是年六月

特諭加太子太保
賜飛魚服玉帶尋復加少保蓋欲大用之矣久之
以痔疾作治弗愈
上益念之而竟不起卒年六十二
上聞而悼之輟朝
賜祭葬贈光祿大夫謚文通遣官護柩理葬事卒
之明日
上猶以金幣
賜及其家

穆孔暉

嘉靖十年任南京尚寶司卿

公字伯潛別號玄菴山東東昌府棠邑縣人少穎悟凝重未成童卽文章奇古爲識者所器年十八遭母任淑人憂哀毀嘔血以善喪聞弘治甲子舉山東鄉試第一乙丑登進士第被簡爲庶吉士讀書中秘丁卯授翰林院檢討己巳預修孝廟實錄成忤逆瑾意調南京禮部主事瑾誅還

舊職辛未同考禮部會試壬申遷南京國子監司業癸酉以外艱歸服闋改北監司業尋丁繼母黃氏憂服闋改翰林侍講充經筵講官嘉靖紀元壬午主順天鄉試乙酉預修

武廟實錄成陞左春坊左庶子兼翰林院侍講學士修武官續黃丙戌主考武舉公凡三執文柄皆號得人試錄出識者輒指其深於理者曰此玄菴筆也已而果然是歲入直

便殿日講公既以經術侍謂足以行也因
攄所得發爲講義簡明剴切寓義規諫闗
者皆悚敬焉未幾進掌院事兼撰文官
誥勑首遵
聖諭崇雅黜浮遂定爲一代詞命之體庚寅冬十
有二月
上於文華殿奉安先聖先師神位因
諭講臣人各陳經書大旨一章冀以不負所望於
是公獨取孟子卒章發其見知聞知之奥

以祗若

聖天子纂承羣聖之志篇末獻言指切時弊則所謂啓沃交修之實目前緊要之事以仰副

聖明之望者也大略謂用人者不肯體

聖心布公道使私求者易進直道者難容由是内外大小臣工罔不改操趨時道化未洽皆由於此故欲用人之得其當在聽言之致其審偏聽則蔽兼聽則明以一人愛憎之口爲人才邪正之據此用舍之際或有未

究於理者矣奏入聞者韙之明年春某月
日公已赴闕候講以陰雨免朝隨衆而回
俄而
上御文華殿亟馳以趨已不及矣即上章自劾明
日得
旨改南京尚寶司卿舉朝駭愕給事中葉洪上言
穆某
聖代淳儒留之左右必足以裨益
聖德不報公惟循省自咎無幾微見於顏面壬辰

轉南太僕少卿癸巳遷南太常寺卿公德望隆重善類推先自爲學士至官太常凡十擬侍郎皆不果用然益昭輿論之有在矣甲午夏以疾自陳得致仕歸公自是杜門靜養與世相忘而望實益彰薦剡交上朝野顒顒冀其復起不幸天不憖遺奄忽至此嗚呼悲夫公資稟既純問學尤邃初留意古文辭已嘗闖其奧矣既知其無益棄不復爲乃篤志正學研窮義理體之身

心其所造卓然處可與儒先君子同不謬於聖人而公不自以爲足也嘗謂古之人窮理盡性以至於命今於性命之原習其說而未始自得之也顧謂有見安知非汩慮於俗思也邪於是抉去藩蔽力肆恢弘經訓之外雖世儒所斥以爲異端如佛老者悉取其書精擇而詳說之以與吾聖人合曰性中固無是分別相也久之洞見道原通達爲一嘗論心學之要曰鑑照妍媸

而妍媸不著於鑑心應事物而事物不著於心自來自去隨應隨寂如鳥過空空體弗碍觀此則公所得信乎玄矣故其見之行也無事矯飾而中正純懿自中禮則孝友之實取重鄉評忠信之德孚於輿論在南雍時父封君適患風疾公侍左右醫藥食寢俱廢及卒哀毁骨立殆不勝喪後喪繼母亦如之有弟八人相繼夭逝公哀悼之久而不置子其孤遺皆至成立宗鄙姻

友婣睦周至不以貧格恩教人每薰以和人易親之故及門之士多所成就立朝雖久而位不稱德未究厥施然志操雅正量深沉當事變揮霍波瀾反覆之際人多不能自持公處其間超然無預確乎不移滑如也同時縉紳無問趨向同異咸宗仰之以爲不可及知德者至擬諸程伯子云璪年病脚不能食者數月而神志益清文思煥發皆寫其自得之妙有塵垢斯世遨遊

太淸之意其於死生去來盖亦翛然庶幾
孔子所謂聞道者矣公所著述有讀易錄
尚書困學前漢通紀諸史通編遊藝集各
若干卷其大學千慮玄菴晩稿則病筆也
享年六十有一

附南雍志

公少端慤寡言博覽經史有深湛之思
弘治甲子有
詔用洪武舊制以京職兼主各藩試事主事王守

仁校文山東置孔暉舉首時論稱得人
焉乙丑連取進士改翰林庶吉士除授
檢討每玩索有得輒輯成編同館崔銑
見之嘆曰横渠妙契疾書今復見矣正
德巳巳逆瑾用事惡翰林儒臣不附巳
因纂修後以擴充政務爲名調南京禮
部主事庚午召復檢討同考辛未會試
所得多知名之士壬申陞本監司業既
至以身率諸生惟令靜默窮究義理毋

瑣瑣口耳記誦中人以上類多從之癸酉改北監羅艱歸然後被教之徒思模範如孔暉不易得也服闋改翰林侍講在經筵進講經書多所規諫嘉靖壬午主考順天鄉試簡拔尤精尋歷春坊庶子兼侍講學士十年陞南京尚寶司卿十一年陞南京太僕寺少卿十二年陞南京太常寺少卿仍兼學士卒贈禮部右侍郎謚文簡孔暉天性好學雖守仁

所取士未嘗宗其説而非薄宋儒晩年乃篤信之深造禪學頓宗臨沒作偈有到此方爲了事人之句論者以此窺公所詣云所作詩文精確不苟在南監時宅中多竹吟諷有得輒題其上後郭維藩爲司業南行贈之以詩有句云書聲山下月詩思竹邊秋崔銑謂玄菴一聯模寫臻妙境矣每舉以爲詩家三昧云

呂柟

嘉靖九年任南京尚寶司卿

公字仲木陝西西安府高陵縣人生而敦厚穎敏少失母哀毀如成人未總角輒有志聖賢之道不爲詞章之習乃夏居矮屋衣冠危坐雖炎日鑠金不出戸限至於冬月祁寒則履籍麥草誦讀六經恒夜以繼日弘治辛酉舉鄉薦正德戊辰會試第六及

廷對
賜進士及第第一名授翰林院修撰柟朴靜端約
力學慕古時逆瑾用事輒以柟鄉人欲引
啗之騾與卿佐且援先朝故事得入內閣
柟遜避不與來往託養病去之瑾憾甚欲
中傷之會五年瑾敗已得復任九年請告
歸嘉靖元年復除修撰三年議大禮下
詔獄降解州判官六年陞考功司郎中九年陞南
京尚寶司卿十三年陞南京太常寺少卿

十四年陞國子監祭酒柟篤實率人勤於誨迪每有條約動遵古義經書子史博讀詳玩並有發揮門下環向請益耳聽口授無倦容無擇言十五年陞南京禮部侍郎十八年致仕二十年卒於家柟學務實踐不侈詞華居家所在以名檢自礪後有得三原榆次安陽林縣陝州河內同志諸友於京師益相與規過輔仁博文以致知約禮以力行久之踐履篤實粹盎外著蓋不

知夫富貴之可淫貧賤之可移威武之可屈矣故自及第以至宗伯皆視如固有及志有未行見幾而作則舍車而徒飯糗茹草若將終身其在朝在野隨寓盡道故所在有勳皆可紀述其因事進諫皆堯舜之道仁義之言非迂非腐足可施行其微而至於一舉一止一語一默未嘗偷惰苟且以至離道故縉紳學者親就以爲師表其訓釋經籍必以心求心以道合道以經釋

經故多躬行心得之言有程朱所未發者故所至學徒雲集聽者心醉知孔顏正脉所在而詖淫邪遁之辭不足聽聞其發爲文詞則仁精義華顏情孔思而天德之純王道之懿有非遷固以來文士詞客所能測者嘉靖壬寅卒所著有涇野文集詩集内篇外篇史館獻納南省奏稿四書因問周易說翼尚書說要毛詩說序春秋說志禮問史約宋四子抄釋寒暑經圖解魏氏

族譜宋氏族譜渭陽公集外詩上陵詩賦曲頌監規發明署解文移高陽縣志解州志義勇武安王集詩樂圖譜

歐陽德

嘉靖十四年任南京尚寶司卿

公字崇一别號南野舉嘉靖癸未進士授六安州知州遷刑部員外郎會

上選士大夫之有文行者以置翰林改編修仍其服色俸給踰年遷南京國子司業南京尚寶卿遷太僕寺少卿以親在南不樂也當軸者知其意奏以爲南京鴻臚卿丁父憂服除留養其母蕭宜人以薦復爲鴻臚將

爲疏乞終養母不許遂奉以行未至遷南
太常卿尋
召爲太常卿掌祭酒事入白其母母遽曰吾幸無
恙當與兒俱往矣至則遷禮部侍郎
上雅知公熟儀禮
孝烈皇后葬遣護諸司改吏部左侍郎兼翰林院
學士掌詹事府事充
會典副總裁教庶吉士遣代拜
先聖先師遣陪祀

帝社稷主考庚戌會試其夏以三品考績
贈祖時勉父庸如其官祖母某爲淑人母太淑人
踰月母卒
賜祭葬嘉靖壬子春三月持服小終
召拜禮部尚書兼翰林院學士冬
召直無逸殿時同勳輔諸臣奉
賜劄與聞大政中外咸喜以爲且爰立又明年甲
寅三月二十一日得疾卒初公領鄉薦陽
明先生倡道於虔之行臺其說以爲人心

虛靈萬理畢具惟不蔽於欲使常廓然以公湛然以寂則順應感通之妙自出乎其中而世儒往往索諸口耳其力愈艱其於用愈窒非中庸致和之本旨於是合之以致良知而士溺於舊聞譁以爲禪公獨曰此正學也走受業於先生凡再不赴春官精思力踐日有所自得比入官則遂以其學施諸政事知六安時爲二籍稽公使錢及其俸錢之出納曰非以爲名吾屬所自

檢防固當如是歲祲捐俸之半以倡吏民得粟若干石隨所在作粥食饑者活數萬人已乃爲興水利汰冗役定經費省歲役之追呼罷諸苛法作龍津書院進諸生教之問學民士咸附爲編修奉

詔議郊禮悉指陳禮家說之同異終之曰禮文乖錯未可盡據而土木一興財費不貲惟益修勤民之政上當於天心則異郊可也同郊亦可也於丘可也於屋亦可也時服其

遠識在南京國子故事司業當課其諸生爲文詞公因引之於道作講亭進四方來學者與諸生講論其間或以疑質爲稽之經訓證之事物本之人情參之世變詰之使自識其迷謬徐而諭之使得其心之安公固善論說而誠意懇篤氣象平易士以是日親及侍太淑人居於家益與雙江聶公東郭鄒公念菴羅公以講學爲事學者自遠而至當是時士咸知誦致良知之說

而稱南野門人者半天下奉
命敎庶吉士歎曰此
朝廷所厚養以需大用者不宜徒以文爲也教之
如國子而繼之以時政之所急聞者莫不
興起爲禮書首請建儲不報公自始仕至
宗伯凡更十一官每遇事衆相顧未有處
或計利害震動失色公莫不立應而意氣
閒暇如無事或問公所以能此者公曰吾
惟求諸心心知其是即毅然行之雖害有

不顧知其非雖利不敢爲此吾所受於吾師而自致其良知者也居家孝友數撙節衣食以周其族凡賴以婚葬者若干人置社倉於鄉集子弟教以禮義又爲立保伍法使相救助後歲凶其鄉人果得免於流徙刼掠之患故公之講學士翕然從之者以其修諸身施諸事能無愧於其言也

李舜臣

嘉靖十七年任南京尚寶司卿

公字懋欽一字夢虞别號愚谷山東樂安人也生而清穎警悟日記千百言不忘已卯舉鄉試庚辰會試不第辛巳父赴饒州丁内艱乃往迎父於饒壬午入太學一日衆友會文見所作雄奇無比友咸以大魁元期之癸未會試蔣敬所石熊峰爲主考分考則永嘉葉成規得愚谷卷驚歎以爲

詞雄氣厚學博才高不露鋒鍔超出筆墨畦徑之外若不拘北卷作會元自當服天下人矣遂上之二公二公特示呂涇野王改齋王極稱賞呂以王言爲是令中書聲音洪亮者誦二卷其一乃姚明山衆遂定愚谷第一試錄刻其策論不竄易一字是榜號稱得人而魁元尤多名士未會試前一年邑南大路中忽湧一泉未揭曉前一日汴梁蘇太華見愚谷貌變奇之大功名

將臨豈無先兆哉廷試二甲第一原擬上甲以策目訛字移下是秋除授戶部湖廣司主事部倉銀庫舊爲一役事最繁劇必擇老成練達者典閱章疏謂之本科九峯孫公時爲大司徒令莆田林汝環出此役一屬愚谷曰是未可令遠去也每會必問讀書交何人詩文有未妥字意必面更之冬調吏部稽勳司主事大冢宰則白巖喬公也嚴重有威獨奬進人士如不及其調

吏部雖喬公知之實孫公薦之也二公俱先任吏部郎清修簡出暇日惟書史是務所以後各爲名臣云甲申夏大禮成推恩

父

封吏部稽勳司主事母

贈安人未久調文選丙戌正月父客死愚谷扶輿歸葬未村文名方殷以大魁元而當要路事者贈且送者人事極盛見者不欲其盛惟以其中節爲難也戊子秋起復補稽勳

司已而陞驗封署員外郎己丑秋調考功庚寅冬養病得請權貴相忌托病而逃之耳癸巳補户部湖廣司員外郎陞浙江司郎中盡心國計不以失清要而有愠色其與後所排擠者蓋兩權貴也今之士惟文不蹈襲守不屈撓者斯可貴也愚谷毋憤文體如粧粉骷髏宦態如牽絲傀儡則其所作與其所自持可知也已當事者承望權貴風旨將處以遠惡地王遵巖在文選

力爭之陞江西提學僉事此甲午年事也愚谷以學職迺人才所係江右爲文獻之邦考閱無時振作不倦去留精審條教詳明士風丕變往惟留心好題無忌諱者詩廢風雅之變易廢凶咎之爻書廢金縢顧命之策禮廢雜記喪大記三年問等篇春秋廢雨雹日食地震山崩之災弒崩薨卒葬之書愚谷一切命題諸生始覩全經矣尋轉南京國子監司業與倫白山鄒東郭

二祭酒同心一德廸教育才監丞有繩愆
冊博士有登善簿助教學正錄授書有時
典簿掌饌錢穀有考堂友長必推擇有行
撥例以公舉事以實監規嚴而可稱賢士
之關矣無何乃轉尚寶司卿尚寶在南京
爲散秩禁城四門留守指揮以銅符領把
總以下若干人人一木符都督府持令牌
入五城兵馬亦各持令牌入毎三日一易
卿但視其交承符牌無缺而已辰巳二刻

卽可完事餘日得閉門讀書愚谷未及不惑之年棄世所尚詩文而讀漢人經注初則苦其精嚴難入已而知其指歸在爾雅爾雅本六書六書如五味使相爲用邊旁一也篆當然者隸楷亦當然可使經文亂俗筆哉易詩書儀禮戴記左氏春秋分日讀之每六日一易竟則質以篆隸與增廣韻旁及唐陸德明音義工未半而陞應天府丞戴龍山爲僚長以

留都乃根本重地士夫淵藪財賦所出政治所難凡不急事務無名徵費一切停罷又均賦愛民平物低價彼都人士無弗稱善者自甲午爲提學至此在外在南凡八年始召還爲北太僕卿識與不識咸稱慶以爲由此可大行其志矣因廟災自陳未履任而解職閑居幾二十年撫按累薦未起尚有待也豈意其一疾竟不起哉鄉居則在未村居則在息菴及息廬所著有戶部集符臺集

夢虞詩集而五經字義則成於閒居日詩似枯削而有古意文極精細而得古法晚年尤刻苦片紙數字亦不苟余嘗以書戲之曰君作原去皮存肉去肉存筋今則筋肉俱盡而獨存其骨矣畢竟如畫易卦而後已乎時有所寄值文客在座讀之難下余則朗誦如已作耳愚谷蒞官行法居鄉處人言語揖讓俱詳慎謹密至於關有司貪殘大臣進用或及匪人則義形辭色不

少假借出而事業雖未盡然已可稱説處而崇祀立祠恤貧敦族自奉簡約其美不能悉書至於削跡公門忘情仕路士大夫之賢者夫人能之在愚谷不足爲奇節也愚谷體厚且豐面白而闊善飲酒得痰疾口澀於言足難於步然飲且不輟以至大故悲哉

汪佃

嘉靖十九年任南京尚寶司卿

公字有之系出徽州越國公華之後子孫

自徽徙江西之貴溪再徙弋陽世爲弋陽

人曾祖諱志福領永樂庚子鄉薦官岷府

教授祖諱仲端累

贈禮部左侍郎考諱鳳貴州布政司左叅政

贈禮部左侍郎妣祝氏封淑人生五子長僎工部

郎中次佑不仕次俊禮部尚書次偉吏部

左侍郎公其季也初父兄懼門戶太盛爲
公擇令名曰留少子力耕自給耳公顧奮
曰兄輩能讀書進取我獨不能乎以易領
弘治戊午鄉薦屬叅政公遘疾而諸兄宦
遊公日侍湯藥不離側暨遭考妣喪先後
殯葬如禮用是久滯然益得肆力於學正
德丁丑領南宮薦廷試
賜進士出身第一選爲翰林院庶吉士巳卯授編
修階文林郎庚辰同考會試所取多名士

乙酉以纂修實錄成陞侍讀丙戌充經筵

講官敷陳啓沃多所稱旨有白金文綺之

賜是歲復同考會試秋奉

勑校書閣中尋爲要人所沮不行果自是假考選

翰林謀擠公去矣初擬陞四川叅政遂菴

楊公曰

朝廷日親經筵方欲求賢汪侍讀賢者也豈可使

外補乎擠者顧益甚十月復入講尚書皇

極敷言公依蔡傳衍義不明言君臣一倫

蓋君道在皇極中已擠者因密奏云汪佃講書無君臣倫蓋譏訕也且佃乃前禮部尚書俊吏部侍郎偉之弟云如擬落職通判寧國府擠者陽以好相送且窺公見公談笑如平日諸兒誦聲不絕不覺自失有悔言在宣州閉門省過不與民事上下默受其庇諸生暨屬吏之子從游講學者三百餘人彌年咸充然有得宣俗尚巫覡喪葬多非禮自公之講學也務以孝弟禮義

爲教俗漸移易已量移松江府同知同知職清戎公行其所無事戎清而民不擾治瀕江常患水寇公下令通水處各爲門時其啓閉盜不得恣睢公久淹郡邑宦情已微至是聞詹宜人疾篤遂拂衣去有部使者銜公因劾公擅離職未報而南京宗人府經歷之

命下矣公曰吾歸及與老妻訣足矣圖繳還經歷告身家食待罪辛卯被劾事白有

肯復職時宗伯公尚存公不忍離雅有終焉之志己未臺諫舉天下遺賢數十百人而起用者僅十許人公與焉丙申春北上道改南京禮部主客司郎中尋出爲建寧道按察僉事在閩三年政不苛而事集部使數薦之建有兇而俠者小民逋負輒致之桎梏箠禁官司無能誰何公立寘之法斥散徒從毁其廬舍百姓莫不稱快公嘗廉得浦豪黄姓者惡狀郡縣不能捕公使人謂曰

汝無久竄誠畏死第出我痛懲以觀其後
可也已而自縛至公懲誠而遣之其人遂
卒化富人張某爲賊所殺賊不得或疑其
姪利所有而戕之公廉究無狀讞之部使
而建守受反間必欲搆之死地部使復下
公議公曰殺不辜以媚人我不忍爲也後
部使代至卒如公議戊戌發礦事起公嘗
產礦地躬入山谷勞瘁特甚自是病矣嘗
建皇華樓閎敞雄俊爲一方巨觀功成而

民不知費公自爲記云又修建寧府志武夷山志人物志刻史漢異同李建州集皆行於時已亥冬以考績過家明年春陞南京尚寶司卿秋七月陞南京太常寺少卿公素患痰火至是日就尫弱會災異策免
大臣公即自陳求去得
旨不允十一月復具疏乞休
命未及下而公已卒于金陵寓舍矣享年六十有七公天性峭直議論英發無諱忌若與人

寡合然其中實坦蕩雖以此遭擯斥淪落而賢士大夫推其鯁介亦以此爲兒時即能以禮自防不爲利疚自鄉薦至盖棺四十餘年公門無私言遇有枉者輒公言之教授公嘗遺田四十畝號生員田資諸孫以勸學自叅政公入邑庠享之而公兄弟箕裘不墜因世業焉嘗與兩兄議讓還而伯氏卒竟如議捐爲義田與族人共之其清修退讓行于家者類如此文章平正明

暢得歐公典刑有集若干卷自號東麓主
人學者稱東麓先生云

趙汝濂

嘉靖十九年任南京尚寶司卿

公字敦夫太和人公七八歲時步趨舉止不類凡兒能屬對句十五歲浮涪水偶見鄰舟乘迴漩將覆公喚舟子急移巳舟救之舟人曰灘漩如此往救恐亦不免公曰彼生吾亦生彼死吾亦死坐視其溺豈人心乎卒之兩舟皆濟所活二十餘人公父聞之喜曰吾有子矣自是公益勵問學嘉

靖改元壬午中雲貴鄉試易魁壬辰成進士釋褐都察院觀政是年冬十月選改翰林院庶吉士乙未授吏部考功司主事丙申調文選司主事轉驗封司員外郎己亥轉稽勳司署郎中調考功司庚子實授考功司郎中次應補文選公白冢宰曰頃者考察一任積怨已深若轉銓司謗毀且至願得南京尚寶足矣冢宰曰此對品耳非所以處賢人也衆譁然勸公入銓司以爲

美秩之地公曰銓郎雖好然伺候兩府趦
趄風旨此豈迂拙之所能耶明日詣内閣
辭訾曰宜晉四品公曰四品之例在銓郎
則可在某則不可與其爲人所忌不若爲
人所忽諸老皆善意取南尚寶卿一時輿
論多之甲辰由尚寶歷轉右副都御史致
仕公爲人簡默平居言呐呐若不出口及
廷中有大論議謇謇不少阿屈聞者悚然
公自歸里以來不入治城日與田夫野老

拄杖遊行就山麓營一草菴有暇輒往歌嘯其中名其菴曰覺眞謂人曰平生涉歷畏途殊無眞意乃今覺眞惜乎晚矣公敦内行祖之居宅父之宦囊一毫不取皆推與弟姪爲之嫁娶公爲人長者人或犯之付之一笑不與較曲直使久自悔貸錢不取息貧則還其券以周之作詩文信手應人不爲難蟲之技

五事戶部善之下其法于諸屬邊餉用饒
其署郎中事餘羡獨多于諸司時有京師
大賈藏珠玉欲售以規利賄中貴人奏行
召賈公堅執不從止行兩廣歲辦而已部
中奏稿多公起草以屬僚裨益大司徒甚
重爲戶曹七年而守東昌東昌據會通漕
當南北孔道民力疲竭公曰太守者州縣
之倡也乃出教所屬禁貪酷崇教化懲奢
侈愼刑獄約束既明其下無敢犯者武城

諸縣適被水患民幾魚鼈公自往救發粟賑濟惠生槥死男女老稚焚香籲天曰公活我既而民以稅告公疏其事于

朝請以郡帑積金代民田租詔可其奏男女老稚則又焚香籲天曰公活我武城民乃立祠肖像以祀之公在戶部爲屬官在東昌爲有司屬官有司壓於卿長撫按鮮有專建白利害者而公上書不少避由其氣剛守正是以能然公爲政甚惠而持身甚廉凡

陳儒

嘉靖二十[illegible]年任南京尚寶司卿

公字懋學別號芹山世出交南公自少穎異七歲時讀書輒成誦比長博學能文名冠諸生爲人剛方嚴毅不少媕其居官節儉正直終始不易其操尤善鼓舞其精力不以人所明瘖而分勤怠篤志慕古嘗從紀善公宦游河南閉戶讀書至忘寢食登嘉靖癸未進士歷戶曹知東昌府陞浙江

副使改提督學政陞陝西右叅政按察使山東左右布政左遷宜君縣典史量移盧州府推官轉眞定府同知陞湖廣僉事起復補山東陞南京尚寶司卿改光祿寺少卿陞太僕寺少卿南太常寺卿南戶部右侍郎改刑部推右都御史總督漕運巡撫淮揚公始以文著名呂涇野薛西原諸公亟加稱賞及筮仕乃得戶部人謂處公非宜公盡心職務罔敢忽易管昌平倉首陳

公費罪贖悉以積穀備賑不私一錢節浮
費以省過客之科索均田糧以抑富豪之
兼併以是或得罪於勢要然聲名亦因此
起公之在浙也巡視寧紹海道寧紹者浙
東海洋要害豪商猾夷湊泊處也治利用
嚴公首按文武贓吏捕縣丞藍佐指揮楊
淮寘之法軍民惕然震懼鞬靴桃渚等衛
所設海外巡視者不至以故多奸公破浪
渡海操閱軍容因按治其尤不法者諸衛

所憚公威名各思自戢久之吏部重公文行改提督學政公遂以崇經術闢異說變文體禁浮靡爲已任與諸生約數千言皆以道德實行爲先首革書院之冒濫衣巾者士習翕然一變時有議欲爲某公某公建三仁祠者御史業已許之公駁曰中心安仁者天下一人三人者豪傑之士也未可爲仁也御史曰然則易以同仁何如公曰吾所爭者在仁不在三也其事遂寢公

識鑒精明士一經品題輒中高等浙省至
令稱公爲得人公之在陜也分守慶陽適
大學士翟公巡邊以公自從坐籌樽俎相
得甚歡庚子秋虜入原州公以兵從尚書
劉公督戰却賊擒斬數多欽賞銀幣平鳳
等處誣人以盜坐死罪數十人公掌憲司
立辨之得釋者過半郃陽令張某以炮烙
刑誣服盜罪枉死者五六輩矣前按察使
劉君直之而張令者與權力幸臣有故嗾

御史劾劉君落職公鞫其用刑迹執令下獄令復乞幸臣所免公笑曰吾得正國法雪民冤足矣寧殺人以媚人耶獄成知縣罷黜誣者得釋詔復劉君官而御史以失法降外任今之爲兩司者惟御史之命是從其掌部寺者惟以御史之言進退兩司公不拘御史成案而當道以按察司言黜御史時論兩高之公嘗曰人如白貢一有點汚更不可浣故司錢穀出入皭然不滓

其爲山東布政無異於在東昌時積羨餘及贖金糴穀至數十萬石以備賑濟中丞曾石塘公大服時值山東鄉試公爲提調官而葉御史監臨御史以錄文犯
上怒逮獄併逮公或勸公自辨公曰豈有同事而不同其患者乎及對獄一無所言御史廷杖公降雜職或報御史死矣公曰吾幸不諉罪御史不然是伯仁由我而死也同事者聞之環揖公曰公眞丈夫矣在戶部時

以議大禮被逮及是凡再逮憂患備嘗而志氣彌勵或謂公平生大節終身無悔者堅志熟仁之助也公上書乞終養當道素重公不許而繼母尹淑人以公載罪亟促就道甲辰夏抵宜君官舍疾作困窮拂抑中時覺凝然思恍然而有得也乃作感遇軒以記其事關隴士聞風而來者相踵總制張公延之講學不赴門生故吏饋遺一切謝絶公雖顛沛中清操自若也踰年疊

移佐郡尋復僉憲尹淑人卒公奔喪守制
戊申服滿補山東始引例乞居宜興宜興
者古陽羨也初公在山東時曾買田陽羨
而恩例從外入仕中國者許所在占籍撥
給田産蠲免糧差至是公引此自陳一則
資以養廉一則愛溪山之勝卜築將老焉
己酉秋公以尚寶轉光祿始至新居尋幽
覽勝心甚悦之曰此誠樂土吾所得過所
聞矣徘徊久之赴任出入南北間公每當

一職必思盡一職之責不爲苟簡故所樹卓然光祿太僕時謂之問地太常卿權國子監事時謂之借署公居之舉廢墜立教條勤勤懇懇不少置南京糧儲舊有餘積比因司徒用詘哀南以益之而南計亦詘公提督其事及署部篆心切隱憂若不能以終日者亟具疏建言利害督江浙湖三省藩臣監運上納復查汰冗食歲省數萬當公憂勤初人或謂其過不數年而叛軍

以缺糧激變乃知公非過憂也甲寅秋虜
入宣大殺總兵官岳懋
天子震怒詔逮前任巡撫命吏部舉侍郎一員賑
卹區處時公在刑部廷推兼僉都以行公
至邊宣布上意散軍糧清屯田理逋負劾
冐濫將官邊務肅然凡六閱月復命稱旨
陳安邊十事悉見施行
上欽賞銀幣以酬其勞乙卯夏奉勑巡撫漕運冐
暑就道儹運如期復條陳漕政事宜無不

切當是歲倭夷由通泰寇揚州揚州當運道之衝沿河舳艫銜尾相椄又運司設城外鹽商輻輳居民數百萬賊尤垂涎公奏築城下令所屬邑鎮如臯泰興海門瓜洲一時併築城甫完而賊已至居民皆入城守禦糧運入瓜洲城以免賊遂遁明年春公感病危家人驚惶公索筆書曰鞠躬盡瘁死而後已復恐以病廢事召其子龍授以疏草乞休不允越三月少瘥倭賊復寇

揚州公聞報力疾前進檄召徐邳等處兵殺賊亟命徙運司積税入府庫寇至首犯運司環顧一無所得大詬城下而公所調兵亦集乃晝夜登城督將士力戰前後斬獲數百級三獻戎捷於京師倭賊既退公病益甚累疏乞休召回別用公又疏乞

天子勉留復敘其禦賊功賜銀幣丁巳春隨衆陳乞得致仕乃避居西山杜門謝客絶口不道時事公惡貨殖之徒視財有若讐已積

數十金便不能寢必散盡乃已以故罷官後益貧爲文告其先徙居陽羨就田資給以終曩志居陽足不入官府惟日與一二耆老結社以詩酒倡酬而已昔賢多欲卜居陽羨然卒不果至公始來定宅清風完德邑人景仰殆所謂山若增而高水若濬而深者矣

鄭曉

嘉靖二十八年任南京尚寶司卿

公字窒甫小字阿文浙江海鹽縣人少好嬉戲乘屋緣木蹻捷自喜八九歲時夏月猶被絮襖逐羣兒墫墫循湊塹捕蚌也里中王生見之謂其父儒泰曰阿文昂藏豐顱蒼顏鳳目相當貴柰何不令學哉儒泰曰吾父積學一生乃官提舉吾學數十年即祿祿不自拔吾父子教授里中弟子凡

數百顯者凡幾讀書艮苦又以苦之子耶久之取大學序文試令識字則盡識解以字義又盡解於是授之經傳不半歲遂通尚書論孟大旨父喜益博以諸經子史匪指古人成事列其臧否誡之曰如此則君子如彼爲小人苟其學如此其人如彼即富貴無爲也公聞教服之終身其毅然必爲君子者父教之也嘉靖壬午舉鄉試第一明年舉進士董文簡公力薦之政府政

府亦雅知公願一見之公竟不一謁政府
授兵部職方主事日就省中羅九朝故牘
閱之凡天下阨塞士馬虛實強弱之數盡
考覈而得其故大司馬全公素重公屬之
曰子好學幸爲我著九邊圖公於是屬稿
爲撰次圖誌三十卷士林爭傳之會大禮
議起公抗章諫且偕諸司跪左順門慟哭
不已
上怒下錦衣獄杖闕下大同卒殺其巡撫都御史

當事者請宥之公獨以爲不可疏乞正法
疏留中不報未幾以母喪歸服除補武選
又以父喪歸家食者八年已而言實薦者
衆用薦者言起考功主事尋轉考功郎中
時巡按御史論劾疏至不甚當公曰御史
論劾不當何以服人乃反論謫御史夏桂
溪罷相嚴分宜繼之欲藉考察去臺諫之
異己者公不聽則反黜其所私者凡數人
癸卯轉文選郎中分宜子世蕃以治中求

爲尚寶丞公摭故事以謝分宜益怒密疏數公譛詔貶和州判官而世蕃遂起留尚寶少卿公既左遷郎習洽民事視州治如家求所以安輯和民者而布之政民大悅已轉大僕丞又擢南卿寺者幾十年而癸丑遷刑部右侍郎甲寅改兵部兼僉都御史出撫鳳陽時倭奴倡禍大江南北戈戟鋒列吳會轉漕者至不得達憂世者有隱慮焉公至則日

夜謀戰守備申部曲法又選民兵及𧇊丁之驍悍者以張其銳由是我衆厚集計算已定一鼓而擊之于通泰則大勝乘勢而掩之于如皋又大勝遂長驅而擣之于海門又大勝既則破之于呂泗圍之于狼山又無不大勝餘黨遁去運道無梗皆公力也公生博雅手不釋書人謂其偏嗜墳索而以文學取名天下及撫淮所至以武功顯一時諸老將以爲不及於是始知賢者

運用蓋不可測也旣而遷吏部侍郎南京
吏部尚書
世宗以公素知兵出之南都非宜留爲右都御史
協理戎政至則奏罷諸軍之役工作者衆
咸感以奮戊午改刑部尚書兼兵部事當
是時大司馬楊公方總督宣大有欲留楊
久鎮北門者遂興浮議公疏以爲楊博還
本兵則九邊將帥皆得人何戀于宣大之
偏隅者權總其要臣自以爲有功於

國家於是
世宗俞其言而從之乃
詔楊還本兵公還刑部刑部故與錦衣獄相通近
錦衣獄多羅織不麗法比公論奏之而因
言五城御史受訟非制請自今已之便時
張瑚董傳策吳時來以忤時宰錮郭希顏
以諫立儲錮提督憲臣王忬阮鶚以誤軍
機錮又
留都兵變殺侍郎黃懋官王直通倭奴倭釀亂既

然就擒此數事皆當時大獄公與分宜議
皆不合蓋公意在曲全諸臣分宜則欲殺
之分宜欲寛假王直及亂卒公議則欲殺
之彼此互折至以目皮相恐公不顧也會
御史鄭存仁揣分宜偏指以職掌奏公欲
感怒
主上公素嫺于職掌具疏述故事甚悉分宜不能
奪乃從中構之竟落職還公既還角巾布
衣徒步郊野時時共老農論桑麻晴雨洎

如也居家與子履淳各一書室相對日探討經史方其意有所得卽呼其子詔之父子間自爲師友會其婿項篤壽同履淳舉進士前後告歸恒過從門墻論文道舊公愈益喜凡公所言皆忠孝其教子婿必爲君子卽其少所聞於父者此以見其事父能不忘矣公生平小心惕慮常有以自下者至其蒞官酬物憂勤長慮常在數世之後故歷任甚久諸所關防案牘無一毫詿

漏大都善用其機不特娖娖醇謹而已乙
丑忽命履淳治後事丙寅秋病卒年六十
八歲履淳等念公履歷不勝誣訟之于朝
世宗詔復公官
穆宗皇帝改元
賜祭葬贈太子少保廕一子入監所著有吾學編
古言今言奏議文集行於世子履淳
穆宗朝爲尚寶丞以言事廷杖百削籍今
皇帝卽位復其官已留光祿少卿履準詹事府主

簿其外孫項德禎薊州兵備僉事

附維風篇

鄭端簡公曉宦文選時里中士宦有餽金首飾承篚以將而上覆之茗公直以爲茗也受之入夫人手撥茗知之面頸發赤亟呼僕趣請公入以語公公逌然不動聲色第整理其茗覆篚如初出坐亭中召其人還謂曰吾初以家適乏茗故拜君惠頃入内詢之家尚有餘茗心

謝尊意已授之令持歸太宰孟山楊公
爲北邊兵憲時有將官名將子也因事
被勘於公所公勘得其實酌情法之中
處之將官心德公故假公移郵筒中具
揭托名蔬菜其中緘銀幣若干致謝公
即公移中批發不𣳚且告誡之踰時公
轉大叅行衆將官旅見其人獨惴惴惶
恐伏地若無所容者公佇立亭堦槩以
温語奬諭諸將官至其人曰汝父名將

也觀汝貌誠不愧將種第汝年少更事少後當益努力以承父業其人神情恍然若更生云

愚按鄭公之卻賄也從容暇裕若此非素有養不能也且卽其夫人若此其刑于之化可知已若楊公之卻賄不獨裁之以義抑且濡育以仁卽一語間便令人惴惴媿懼終身生機息矣安能望之戮力於疆場哉憶余往處關中一州守

事義則未疚仁則有愧於公也

卷之十九終

南京尚寶司志卷之十八

南京尚寶司志卷之二十

雲間潘煥宿編輯

宦蹟志

許　穀

嘉靖二十八年任南京尚寶司卿

公字仲貽應天上元縣人公少承家學博

證精詣已非儕偶所及嘉靖乙未舉會試

第一授戶部主事留心國計梁端肅公甚

重之調吏部稽勳清理吏胥條格不爲權

貴所尊轉文選前是行取者候日久往日後任者卒反前所舉低昂之以市私公曰此不肖之心也白冢宰許公讚亟行之許曰須覲後未晚公曰覲者叢至萬一有蜚語則行取者難爲去留矣冢宰韙公言竟以二日畢選無一外補者僉謂其公而厚云任滿當遷請南行便將母晉貳南太常會大計調浙江鹽運司副使尋晉江西提學僉事至則首以孝弟禮義廣厲諸學官

弟子校文察行一以公嚴行之人不敢干以私然名臣後裔亦未嘗不廣詢而優錄之也晉南尚寶卿以李給事萬實論致仕葢公雅負高名時貴之官南都也其子慕而厚結之公不應及柄國時時干預銓政格不許又以乞南遷爲遠巳益大嗛之其調鹺司嗾李論劾皆坐此然公以盛年嚴居閲三十載迄無一書通政府有欲列之薦剡者輒固辭縉紳先生至南中每過存

公間投轄款留而未嘗一謁謝有疑其簡者公曰此鄉前輩里居之法某不敢變也徵文者屨滿戶外受其贄金投一竹筩中客至命探取之沽酒酣飲至達旦不寐日以賦詠自娛年八十有三自爲行述甫三日無疾而逝所著有省中外臺歸田等集行於世

盧宗哲

嘉靖三十年任南京尚寶司卿

公字濬卿以上世居淶自號淶西公生而負俊才有奇質方六七歲從羣戲一道士遇之驚曰兒貴人也法至三品少長受里師業工爲文辭諸生莫不避席廼從河間試郡丞姚公文清大器之自謂不及也嘉靖戊子舉山東省試高等已而第乙未進士

天子躬御
文華殿授簡試諸進士每奏一卷輒親品第焉得
公等三十人以爲庶吉士尚方給筆札讀
書
禁中公故善古文歌詩至是大肆其力日益有名
當是時李文康公執政月試吉士每讀公
文未嘗不咄嗟嘆賞也以故盧吉士之名
大起丁酉授翰林檢討奉迎徵仕君入都
下會大慶覃恩徵仕君受錫焉旣病篤卒

公當舉省試時而丁崔孺人艱至是兩遭
重戚皆哀毀骨立人以爲難庚子服闋補
故官辛丑同考會試所得皆海内知名士
其後至卿貳者居十五甲辰同修
大明會典丁未擢南京國子監司業會大司成缺
公守篆甚　念諸生善逸大立要束繩之
期不犯然遇之甚有恩義顧貴遊子弟關
說求出者卽不假貸南雍至今嚴之辛亥
滿考奏狀

闕下時嚴公父子勢熾甚然念公留滯南中亦欲稍超擢異之乃公實不持一金予世蕃也於是大忤曰先生第還南矣吾行念之公對曰某來考績不來講遷官也嚴公慙則以為南京尚寶司卿即徙通政參議居三年所乃

召為太常寺少卿提督四夷館丙辰擢南京太僕寺卿寺故開府滁陽滁陽者山水名勝之地也往士大夫居是則載酒吟嘯以為常

公至乃日夜下計郡邑問馬蕃息狀寺有贖金二千或謂公内之例也公笑曰豈有懷金廬濬卿哉竟不内也戊午

召爲光祿卿故事光祿上供品物皆榷長安中賈人物然不時予其直積負以萬計賈往往破産及公索之藏中乃故有羨金則謂其僚曰夫僦人而不予直是縣官給賈人食物也是主人使僕張空券入市買也迺大發金悉償之當

世宗時光祿費鉅公一切裁省諸中人不便謀所
以中公
上使使往覈之乃知羣閹所爲卒如公規畫久之
推爲戶部侍郎嚴公居中持之不報已未
朝正旦出至里第遂病瘻痺不起則上書
請告以歸公自登第至是侵尋二十餘年
官不出寺卿而故同時諸吉士致位公輔
者相望雖公輔者相望然公處之甚適也
及罷歸里中就舊第築室陳几設關日偃

卧其中有賓客故人來則彈棋對語倦則
復卧終不請謁守吏郎四方客過其門未
嘗不見其下榻也平生所著述甚富然匿
不自名一日取其文二十卷焚之子茂從
外來望見叩頭涕泣公曰雕蟲小技古人
以覆醬瓿何至悲也自是無存者年七十
歲爲人嚴毅方正不可干以私然與人交
出肺腑相示天性孝友每遇先忌常於邑
流涕竟日至白首不渝先人遺產悉以予

兩兄天津故有節帥公諸生時嘗過之帥見公冠敝適有新冠請易公重違其意爲座上一着罷酒仍着故冠而去其介如此後罷光祿還也發槖中裝餘四十金則召夫人及茂示之曰此吾二十年宦裝可中分之矣茂績學有聲又善治家後居積頗饒凡公病卧里中十五年不困乏者茂也茂亦有操行伯父長史君病且革呼茂畀之千金茂謝不受公喜曰眞盧濬卿兒也

江　治

嘉靖三十四年任南京尚寶司卿

公字舜卿號理川江西進賢人公狀貌魁傑目光射人爲兒時輒昂藏不羣五歲就塾師受書一過卽能成誦十三歲舉茂才每試藝裒然高列先生家故貧父晚羣公至以逋賦逮罪先生廼鬻廬舍以解尊人之阨自嬴糧躡屩上書謁孫忠烈公公嘆曰此兒能孝他日必忠因試以小對先生

應聲答之忠烈公大喜拊其首曰此千里駒乎公既賢先生而又知其家四壁立乃館諸別署復衣食之逮忠烈公死宸濠難先生奔入豫章城縞衣練帶伏棺哭之極哀藩臬諸大夫咸謂江生蒯虎牙而哭孫中丞也信國士哉時王文成公一見稱之授以三關四要之旨先生自受知兩公聲稱籍甚而先生不自喜也益刻意尚行發憤讀書乙酉鄉試果以經術爲王石梁公

首選屬卮於主試者爲江右第二人時年二十餘尚未娶金谿吳中丞西沱公高其義以女妻之先生之得吳淑人也協心併力奉二尊人吳淑人知先生苦於貧又時脫簪珥市甘脆以佐養由是二尊人靡不當意日融融然樂忘其貧矣丙申歲晚舉公與楊太淑人下世先生拮据襄大事惟謹偃蹇公車者二十餘年未嘗以貧故有所干謁閭有所私請者卽正色拒之後石

梁知建武郡聘入署中建武人執經造請者屨錯於戶先爲之說經義譚名理人無不敬服焉丁未登二甲進士授刑部主事時北虜犯邊衆多股栗先生初涉仕途輒慨以死誓諸曹郎壯之爲刑官務執法秉公不少假借會藩覲烱多穢德兩臺使具

疏請

上裁疏下司寇議諸曹郎以議貴欲薄治示警先生艴然曰滅倫大惡也旣藩王寧得而庇

之庇一藩王而民俗其浸淫乎於是報疏
竟寘之重典中丞商大節以備虜獲罪蓋
權貴人中之也大司寇逢其意即議死獨
先生抗辭曰殺人媢人可乎主議者心愧
竟從末減凡讞獄多所平反至繩貪墨吏
率無所假不茹不吐先生有焉旋理刑淮
曹事竣會東粤缺督學使廷議謂非比部
不可於是先生領
璽書行諸所條敎務以端行誼正文體爲先士風

翕然不變權貴人請托固辭不聽風裁凛凛乙卯鄉試得七十有五人中王公弘誨袁公昌祚馬公象乾最知名是秋臬司諸大夫咸在棘闈獨先生署篆兼掌鹽政守藏吏進羡金千八百兩先生奮曰若曹奈何以羡溷我哉厲色叱之令即解藩司以充軍餉先生名益著陞南京尚寶司卿三載考績陞太常寺少卿應天府尹缺推先生攝篆事先生爲節冗費三百餘羡金八

百清操益勵三年考滿陞光祿寺卿尋陞
太常寺卿頃之上書乞骸骨歸
上不許陞南京工部右侍郎先生度不得歸而
國恩且浸厚乃勉就任時
上命織造先生掌部事力爲節省諸妄費中人不
得侵掠多怨之間肆爲飛語欲中以禍先
生恬然不爲動也又
命下修理鳳陽二
陵先生與龍白陳公同往陳公疾先生專任其事

不十日而成工既竣

上乃

贈其祖若父爲通議大夫母楊氏爲太淑人蔭一子入監讀書頃值邊警先生遍查庫藏所積銀得十有五萬即令解京以濟邊需湖口舊有部使者榷稅甚爲諸商人苦先生即白之大司徒馬公森南直指張公承賚蠲之至今商人德焉先生念在事已久復

上書乞休

上知其志已決乃允先生旣歸杜門謝客不問世事所與往來者惟窮交及故人子弟耳間與一二同志講學務相叮嚀敦實行視世之飾僞而塗民耳目者大有徑庭其素性厭聲華而好淡泊嘗以角巾野服出遊田間稍遠則乘一蹇驢一小蒼頭從之見之者不知爲江司空也每遇元旦

聖節必設几焚香北向稽首過

文廟必下車而趨春秋舉祀展謁如禮晚年貧益

甚歲大侵家人數米而炊怡然自樂甘守清節絕無一私牘入公庭執政諸名公莫不推重歲舉大賓二十餘再荷
恩詔存問年踰九十尚矯健無恙壬辰三月朔忽呼家人盡起先生亦起坐囑子若孫曰吾生受
朝廷厚恩愧無補報死後毋乞
恩以重吾罪子孫各宜儉勤守貧無忝今言遂飄然而逝

沈節甫

萬曆六年任南京尚寶司卿

公諱節甫初名之屢後以字行更字以安鏡宇其別號也公自兒時嶷如成人兩川公曰必亢吾宗稍長授春秋十五補博士弟子爲古和雷公方山薛公所賞識二十與廩又六年舉于鄉明年成進士出馬文莊林文端之門兩公端重慎許可咸深器公于時分宜在事鄉要人有欲援公中秘

授指嘗公公不應已而曰客固非知我者
壬戌授禮部儀制司主事曹務簡公閉戶
讀書考覽本朝故實與同舍郎陸莊簡太
宰曾見臺司空友善以道德勛業相砥礪
二年陞祠祭司署員外郎事滿考陞本司
郎中公既以清執著聲又數練閲曹有疑
禮咸取衷焉主部務者嚴文靖李文定高
文端先後深倚注最後當新鄭高公雖亦
名相引重顧時自貴倨會以事詰責兩主

政甚厲公曰上下之交有禮何至是輒令
椽史以故事白且曰沈郎中云新鄭不能
奪也而時多玄撰循屬公具草稿且曰是
該司事公持弗具會又有
旨建祠禁地令黄冠視趯公曰無寧兹卧榻側而
羽人闌出入非
祖宗防微至意又持弗建新鄭義不能難而懼以
此失
上指恚甚公移疾避之主爵者重公將推丞光禄

公不顧竟歸歸而喪其母服未除即家拜
光祿丞踰年赴
名則新鄭以首揆攝冢宰益貴倨諸附麗者益踰
檢押公曰嘻甚矣復移疾避之又二年新
鄭去明年公始出補尚寶丞則江陵爲政
于時多用鷙猛士或軟熟就牢籠者而公
質木彊項三歲始量移本司少卿旋轉卿
于南葢自初爲郎秩六品至是十九年始
進一階云而自歲丁丑有奪情事公卿臺

諫同聲貢諛公私于馬文莊曰三綱淪矣
遂上書封公願長乞身奉林壑不得命勉
之南都會
兩宮加恩封公得稱符卿而公志益堅所知或惎
之曰吾曹故事不得無書抵政府公笑謝
不從江陵母入京取道秣陵送迎傾都邑
獨公一人不出踰年年僅四十七耳竟疏
致仕歸歸而月旦之評彌尊部治若臺使
者岵崍劍華兩張公懐棘王公薦剡交公

事矣又四年壬午江陵卒正論大昌録言
事諸臣而識者猶有崇獎恬退之指于是
省臺中宇余公等相繼以公應
詔丁亥春起南京通政司右叅議蓋家食者八年
矣于時言路乍闢士爭削牘抒所抱而公
獨言士君子亦不得已而有言耳若成弘
盛時幅輻治辨正不在言且士氣鬱而甫
舒必溢溢則聽之者疑吾懼其更爲塞也
必使人人無溺職無侵官而後可以陰培

國脉至於今乃知公所見遠已己丑擢貳奉常尋擢南光祿卿條上六事如議蘇郡田糧省災民幾二萬石而額儲無虧辛卯擢南太常卿有薦新疏謂國初本取諸畿内遠取非新且徒耗郵傳飽中人槖宜改派北不報已陞大理卿刑部右侍郎俱南京公歷官久至是始涉刑名顧一切附法簡訊又獨能不娩熱審所平反稱允有大獄逮勳戚者部寺無能決公片語遂定讞

馮翊有庶弟殺兄而甚其病憒父以殺子首者已又委罪奴已又陷其兄同母弟曰亦與知之公立訊竟敝罪其人他鋤猾釋滯而哀無告諸此類無何被

召爲工部左侍郎時大司空曾公方辭榮出都門公受命視篆一切奉曾公所經正條例從事顧獨念尚方非時宣索不可程首奏言節慎庫見貯金錢九十萬有奇而歲出溢于入者且十五萬更數年盡矣可爲寒心

請一切止傳造俾徵解稍前帑藏不空語
甚切至
上爲心動而中貴人已目攝公顧取屨
旨所傳陶務嘗公公持之不報自是輒數月一傳
奉公輒持之
上亦輒不報公乃引
祖訓一款凡内官内使傳
旨各該衙門具本覆奏再得
旨然後施行則覆奏而未奉

旨其不可行明矣亦竟不報然公亦竟以此持不
行迤邐年餘
上竟爲裁省諸奇巧難成者蓋五上而後得
旨雖未盡如部擬而省亦不貲云浙北不登先所
傳織造夥遞畱所歲供部司者耗更不給
當事束手幸公首疏減免省臣繼之遂相
率援公指以請公復盛言公私交困機戶
流離
上幸寬之而以名免即不寬而饑民乃自免爾毋

寧

上爲　義懇懇幾萬言疏亦且五上得

旨減五之一歲運亦減三爲二度兩運所寬卒三歲省一陰德不貲嗣是亦鮮所傳袍叚矣俄傳造蟒紗三千疋公又疏緣四方水旱災異以請且言傳造未幾稱不敷用咎在該監不節得

旨減三之一於是公益感激涕泣

明主可與深言適安樂工興公又疏請罷其役且

言

陛下亦宜平性氣慎起居以防不測忠懇所發蓋

腹心重臣難言之幸

上寬仁不督過而中貴人益氣奪璫典幣者嚇上

供人違式疏請即訊公疏言鋪墊日增所

致璫語塞得不訊太和守祠璫請新諸幄

公曰是規欲得其羨爾度萬金宜已不已

則就以香緝供織得

俞旨璫大失望宿州守不應璫暴索被劾違悮公

謂違悞與騷擾罪均宜並聽覈于臺使者守得薄罰如公請水衡錢大蠹在預支姦商每通中貴人始必或居間比出乃瓜分之商既自規得倖貲又有所憑窟益折閱漁蝕無顧惜竟坐耗官錢庾死獄中不得償比比公廉知其狀不給預支姦商窘甚而王藎臣其魁也猶挾貴近人居間不得且見法一給事聽不審顧謂公不宜重困藎臣公恚曰吾以法杖一骫法之商何至

煩白簡遂直疏居間狀且言法不可撓寧
使臣乞骸骨而預支端必不可開
上遂摘問貴近語何人公直疏其名
上姑不深究而有
旨嚴杜預支并禁囑托其人終不自安逡巡乞遠
差以出璫誠者爲司禮首一日因閱工語
次詭爲
上詰責誤內供事冀公復預支公危詞答之璫惶
恐謝去於是中外悚服

上神聖明察而公守正不阿爲近習所憚因言者
乃盐著竟公在事貴璫無敢有撓者一歲
間若河渠賑濟造船用數十萬俱出經費
外而所留羨于部帑更二十萬有奇云公
於河渠講求最久往來問河所從渟射分
合瀦洩處甚悉一切隨宜修救俾無薄陵
無梗漕劈畫曲中多苦心而廷臣紛紛上
便宜公一意持審不欲爲
國家妄興大役如議膠河則迴勝國海運暨

本朝王獻劉應節巳事井井覆說有害無利破其
三資更明夫河海之舟不相通宜罷議老
黃河則計費百萬不若腰鋪省三之一且
大河口去清口五里復與黃會何能殺水
勢宜罷若浦口之議延亘七百里費五六
百萬泗鳳二
陵皆所必經說更無當則直寢不覆公乃疏言近
日河患在河身日高高在清口則淮水不
得出爲

祖陵憂高在鎮口則閘水不得出爲運道憂必有以治河身之高爲上策其次開腰鋪使黄讓淮以安

祖陵開韓家莊使洩閘水以保運道爲中策若其他妄更置者爲無策於是諸議盡寢而韓莊竣役漕艘安流腰鋪業如公議將舉矣屬河臣以倭警暫輟

祖陵水不得泄

上震怒更置其臣而分黄導淮之説亦竟無以易

公也公歸之次年而黄堌決侵符離而南
公聞之曰宜急塞緩則奔注不返徐邳且
中苑而歳歳憂運事矣後竟如公言兩河
連江北諸郡大饑楊給事繪中州流民圖
以聞請度支水衡各出十萬緡賑之公言
此疏不負諫垣但職守當明
聖恩當溥得
旨戶七工三處辦并貸江北公又言救荒弭盜須
兼恩威

上亦采公議盜魁授首中州以寧公常言人須辨
得眞爲
國家之心毀譽恩怨不入胷中而後可以論天下
事或更以規公爲言路忤公曰不然大臣
貴據經守正耳首鼠彌縫是竊位也以故
遇大疑議毅然定國是無慮他曹如與戶
部議河工協濟請改漕白萬石石七環以
五還戶部而三輪工作正供不折而獲二
十萬之用與禮部議各省試竟見主遣京朝

官葢廷論以公片語爲蓍蔡焉公雅故不欲出爲封公强之行在事年餘謣謣守功令上下無援而獨以身障狂瀾摩切黼扆

闕特

人主左右雖幸

明聖優容然亦難貞以厲矣甲午

聞封公有疾遂杜門三月疏七上不得

命竟以憂去

上特俞公請

賜祭葬又令其子濉侍行葢異數云公居喪簡出足跡不窺城市終其身按治方公唐公李公疏薦者三

廷推亞卿者二正卿者一皆不果出自公謝事後貂璫益肆

天聽日高當事者斤斤諍其大者甚者日不給持籌嘆惋思公共濟而公不可作矣傷哉公清直澹素食不兼味衣不華綺動止尺寸森然擁書一室累歲月不厭

朝章

國典鉅細精研眞有得于寧靜淡泊之旨以故獨

行踽踽而擔持甚急公事不避怨與勞而

辭榮若浼塊處一室而懸鏡甚遠自爲郎

至符卿十九在告出亦多在南自勳卿至

司空僅五年而乞身章至十五上每云吾

官旦夕可去而後無負官使

朝廷無可輕之大臣而

朝廷重其大指可覩已平生無苟訾亦無妄交交

戚以淡以忠告叄歲遊馬文莊之門與太
倉相公友善迨秉政往復無間語皆以人
心國是爲重太宰宋公御史大夫李公以
計吏禁餽遺也公移書毋陽禁而陰啓之
賓要諸公正人有以相信取而不相忤如
此余以通家托契曾與公飲而論易繆相
合于朋亾尚中行之指已得公南中所推
薦諸君子疏讀之益信而狀所云鄭元宇
少卿韓湖南太守范中吳光祿蔡肖謙尚

寶及其鄉錢兵部淡庵李參藩臨川輩則名位稍亞而襟期俱表表盖公之所取於人者可知且公陰樹人而不使知者不可名計事封公履未嘗有聲語不露氣謹候七箸微不懌即彷徨無容身地蓋老而猶若孺子然其行于族有義田有義學有宗老會燕年之七十以上者族子或不肖無端搆公直笑而置之事有拂意忍耆不去手晚更以耐菴自號嗚呼意深矣公之子

寄公所緝由醇錄及校刻七經小傳南部棠陰等諸書示余益以見公學經學史學律非草草涉世漫應云爾者故余嘗謂公所言乃天下之公言公所行乃天下之公行其一種磊落光明更超然世味之外惟公質有之而亦有不自覺是故上下三朝局更幾變而公之品愈貞事歷多難而公之用愈出暨乎處鄉處家闇然不露而猶有堯舜君民之略老而不倦死而不亂臨

終朗吟一絕有一眞還我獨蕭然之句眞令人颯爽起敬蓋定性知命非公其孰能之狀稱公恬淡如袁邵公峭直如宋廣平先見如李獻可而醇謹欲過郎中令而余益以兩語曰和易如程伯淳誠一如司馬君實自謂非妄公之沒也山陰王相公南皐鄒公不遠千里吊公嘆古栢寒松不可復覩皆惜公未盡於用而世不可無公而予師太倉先生故嘗稱公朝市中隱淪豪

傑中處子皆定論乃若反復始終陳功考
行則未有如制詞之覈而盡者嗟乎公可
以不朽而余猶咨嗟嘆惋于公者則以
明主知公賢士大夫知公而公猶有所不盡于用
則公之所以愈不可量而世之所以愈不
可無公也公歷官蒙
誥勅三郎中以奏最光祿以
郊祀恩尚寶以
兩宮恩沒而承

誥一
諭文一壽六十有九公所著有代庖公案并由醇
錄等書行于世所集有琬琰廣錄有西吳
琬琰錄有紀錄彙編有古文類鈔并其他
疏議碑記雜詩文若干卷藏于家

余懋學

萬曆十三年任南京尚寶司卿

公字行之婺源人嘉靖甲辰進士授撫州府推官按宿牘讞決若神闔郡肅然萬曆改元

召拜南省給事中時江陵相獻白燕蓮花頌於朝公抗疏論之守留京中貴人橫甚公盡列其罪狀時相權璫兩目攝之以五事上言言剴切江陵相銜公刺骨斥公爲編氓未

巳因下傳御史疏置獄訊復以公郡民爭絲絹賦而閧以激變歸公御史中丞不肯從委咎程任卿汪時以徼解之江陵死奸狀露

上大璫下

詔引咎以故官還公晉南尚寶卿時羣臣相忌傷

國體乃列爲十蠹上之不諧於時又條奏五事晉貳太僕尋遷南光祿卿亦條五事行之晉南通政使尋轉北會臨洮失事當

事主和戎持千金居間公廉得狀立召而
廷朴之以
聞朝士多公遷南少司寇尋改南户部兼僉都御
史總備政公取記籍鈎考之勤爲成書曩
以絲絹事坐程汪兩人大辟公昭雪竟釋
之後進者不諳公疇曩大節入忌者之説
以老論罷公歸五年卒訃聞贈工部尚書
予祭葬天啓改元
詔謚恭穆公性嗜書饒著述所撰有尚書折衷春

秋𧐐測在官有

皇明大政類編嘉隆大政紀要留儲志仁獄編俱

的然之論而公之殫心職業亦足以觀矣

論公世儒術行該政事氣節兼有之謂隆

萬間名臣不虛耳

附錄疏藁

南京尚寶司卿臣余懋學謹

奏爲

聖主孤立願進朴忠釋羣疑懲積𧐐以明臣紀以

正百官事臣聞忠臣不私私臣不忠伏
惟
皇上躬上聖之資秉好問之哲頃者
徒步
南郊
召見輔臣卽成湯桑林之虔帝舜勑天之義亦不
是過此誠明良千載之遇忠臣思奮之
秋也乃二三臣工不畏公議互相攻擊
虧

國家之體傷天地之和　臣　竊傷之
皇上有敬天勤民之忱而諸臣無集思廣益之實
皇上有側身修行之念而諸臣多淫朋比德之私
皇上以萬姓之心爲心諸臣不能以
皇上之心爲心諸臣角立於下
皇上孤立於上可痛也亦可憾也夫蔡系周孫愈
賢逆探李植未形之惡而肆行排擊江
東之芊可立又預憂諸臣未然之禍而
亟爲論奏植等既指諸臣爲邪諸臣又

指植等爲邪是中隱微毫釐千里然謂植等爲邪百人而百不信何者彼所除者

君側之惡所發者罔

上之奸未有顯然之過而遽冒不韙之名其論不足據也謂攻植等爲非邪百人而百不信何者彼所攻者爲

國家除大奸者也爲天下誅亂賊者也今大奸尚未正法而植等先被惡名内之懷報

復之私而外之來讒賊之口其迹有可疑也　臣竊揆之諸臣與植等之不能相容其故有二其一張懋修王之鼎等冒竊科名考官陞擻稽應科等相繼降謫人心稱快然自二三臣外同時典試諸臣聞有乘機通賄者亦有徇私用情者人言嘖嘖雖風聞未必盡實而彼中不無疑畏此一疑也其二張居正奪情之時大臣科道交章保留獨吳中行等奮

不顧身以明一時之大義正萬古之綱常今居正亟死而中行等起用一時保留諸臣爲首者雖被斥罰而聯署者寧無疑愧此二疑也二疑蓄於中而百妬生於外倖釁者因之以乘間速化者因之以搆讒諸臣之隙愈深而讒賊之口愈肆是非倒置賢否混淆此詩人所以致蒼蠅之刺而帝舜所以嚴殄行之堲也臣嘗以爲君子之過如日月之食過

也人皆見之更也人皆仰之當嚴嵩濁政之時中外諸臣鮮不依阿澒忍以苟富貴卽大學士徐階號爲賢者亦且唯唯奉承深自結納後來當軸輔政舉嚴嵩之弊政而盡掃之舉嵩之弊人而盡更之世道人心翕然丕變故天下之人俱稱階後日之功而忘其前日之失何也彼以爲始之遷就其間者養其身以有待也後之撥亂反正者奮其身以有

爲也均之乎爲
國之公心也居正擅作威福壞亂綱常不有謣
謣之直固無以伸大義於一時不有唯
唯之容亦無以斡元化於今日居者爲
社稷之守行者爲紀綱之僕人亦孰不
諒其心之非苟富貴而圖後功者今世
道大明
聖主獨斷則洗心滌慮撥亂世而反之正此其時
矣乃猶嘵嘵不置翕訿成風異者曰居

正之餘焰不可不盡滅也游七徐爵之罪不可不亟正也同者又曰居正之簿錄以甚爲之求增給也曾省吾之贓數太溢爲之求減追也夫是非不兩立賞罰不並施居正省吾之功罪昭然在天下處分在

聖斷其屢言而不置者固爲深求其違衆而稱寃者尤爲曲護前日之依違猶可言也今日之曲護不可言也夫罪人未除無故

而攻摘發之臣後來誰復敢爲
陛下言事者建言諸臣一綱打盡即有一二偶遺
亦安得不懷疑懼今日中外臣民皆曰
馮保且復進也張居正之官職且復復
其子且復起用也游七徐爵之罪且復
脫也彼誠見近日之迹可疑而遂以爲
信然此誠社稷安危之機天下治亂之
判人心邪正之辨不可不早見而預待
之者也今江東之擢爲太僕少卿稍足

以解四方之惑然吳中行之子假沈思
孝之乞罷是非尚未别白則邪正安所
適從自古未有薰蕕共器議論兩可而
可以爲治者是故欲正人心在明
國是欲定羣議在釋羣疑臣以爲
陛下今日宜
渙發德音
明詔在廷諸臣已往之愆不得深究將來之惡不
可逆探諭李植等當居寵思危不得怠

於宦成以隳晚節諭科道官當大心體物不得過於苛求以傷大體俾植等無疑於諸臣諸臣亦無疑於植等庶幾和氣薰蒸庶明勵翼都俞吁咈之盛不在
唐虞而在今日
廟堂之上矣夫威福自
上則
主勢尊衆言淆亂當折諸
聖植等三臣

陛下所親嘉其功而擢用之者也乃舉朝臣工百計嫉之假令政府欲用一人諸臣詎敢與之爲忤乎 臣 見其姻連肺腑身冒不韙而諸臣輒擬之爲王佐者以彼視植其人品高下何如也詳於未定之人品而媚於已著之好惡輕於攻

陛下之所用而重於薦政府之所結此其心之公私邪正天下自有能辨之者方今發言盈庭民聽滋惑爲

陛下以大義斷之則一言而民聽不惑
國是大明詩曰君子如怒亂庶遄沮君子如祉
亂庶遄已此之謂也臣又惟天下之治
亂係庶官庶官之表率係朝廷今日庶
官之蠹相沿有十而貪酷不與焉臣請
究言之書曰爾有嘉謀嘉猷則入告爾
后于內爾乃順之于外曰斯謀斯猷惟
我后之德古之道也今執政大臣一政
之善輒引以爲輔導之功一事之失輒

推以爲輓回之難其於善則稱君之義
謂何此誣
上之奸其蠹一也書曰天命有德天討有罪夫命
討大政天子猶不敢自專而歸之於天
而況人臣乎今中外臣僚一有進用執
政則曰我所注意也銓曹則曰我所推
轂也文選又曰我所推舉也受官公朝
謝恩私室
國典之謂何而因以爲市此招權之弊其蠹二

也孟子曰子路人告之以有過則喜禹
聞善言則拜
陛下天縱神聖羣臣莫及然且虛懷納諫有順無
強言內操即止內操言織造即減織造
乃二三大僚稍有違言輒奮袂攘臂怒
目而視夫人非聖人孰能無過他山之
石可以攻玉已則不受善言而往往望
明主之不受諫何藏身之不恕也此諱疾之失其
蠹三也記曰進思盡忠退思補過人臣

之義要於以天下萬世之心處天下萬世之事而已無與焉今中外臣工往往探上人之意向而不顧公論之是非論人則愛者錄之憎者攻之行政則喜者舉之妨者罷之葢自張居正當軸以來爲然而今日恬不之變此承望之私其蠹四也傳曰君子和而不同是故君所謂可而有否焉臣獻其否以成其可君所謂否而有可焉臣獻其可以替其否

夫君命可否猶不可同而況臣下乎今當路有一主持則羣工轉相倡和上者惟予言而莫之違下者惟其言而莫之違不是者則羣訴及之上下比同具曰予聖蓋寧敢於忤

天子之命而不敢於違大臣之言失今不圖鼠將爲虎此雷同之弊其蠹五也書曰明四目達四聰是以古者諫無常官我

國家舊制亦許諸人直言無隱近日部屬諸臣

每有建白輒加沮抑一則曰出位二則曰越俎沮天下忠臣之心長奸邪壅蔽之漸此阻塞之奸其蠹六也孔子曰臣事君以忠又曰勿欺也近自張居正擅權蒙蔽

主聰道路以目

皇上毅然罪之宇内肅泰生乎居正之後者可以戒矣乃餘風未殄欺罔日滋如原任刑部尚書某者公論不齒近日之斥大快

人心顧連章累牘爲之申雪將謂
日月之明可以一指蔽乎此欺罔之奸其蠹七也
書曰同寅協恭和衷哉記曰爲人臣者
無以有已已之爲害小之傷共濟之忠
大之僨國家之事近日中外臣寮或大
臣自相攻擊或言官互相詆排或南北
交相瀆奏始之以自用之私而終之以
好勝之習好勝不已必致忿爭忿爭不
已必致黨比唐之牛李宋之洛蜀其初

南京尚寶司志 卷之二十

豈不由一言之相失哉始之者一線而終之者滔天則勝心爲之也此爭勝之弊其蠹八也衰世好諛將由惡終臣先年建白未以此事爲防迨於今十有二年而此風之滋日甚一日言及大臣則夸伊傅之復生言及中貴則夸小心之翼翼言及邊帥則夸召虎之復出言及有司則夸卓魯之再作上之結歡於大臣而下之求媚於屬吏內之納交於近

侍而外之通賂於邊帥
陛下不觀張居正之在事乎上書者不曰伊周則
曰舜禹不曰精忠貫日則曰純德格天
乃今權奸逆黨唾駡不置彼一人之身
而忠逆乍異此無他由居正好諛而讜
論不聞也假令居正斥遠諛佞進用忠
言前雖無舜禹之阿後亦安得有奸相
之駡哉殷鑒不遠巧言如簧臣恐後之
視今亦由今之視昔此諛佞之弊其蠹

九也孟子曰所惡於智者爲其鑿也是故天下不患無事事之臣而患無任事之臣任事之臣智也喜事之臣鑿也今兩京大臣固多老成却慮爲國遠猷然亦間有自負時流勇於自見務建白以爲名高侵職掌而受詞狀不思治有定體爭之則民慢政有常經拂之則民違彼荆公之新法何嘗不曰利國利民哉卒之法行民擾而荆公蒙不韙之名者

則以拂經而乖體也而今日一二大臣
寔似之長告訐之風乖治理之常其防
不可不預也此乖戾之失其蠹十也夫
是十蠹者雖不至如貪吏之浚民脂酷
吏之戕民命然貪酷之害止於一方十
蠹之害流於天下貪酷之禍顯而易見
十蠹之禍隱而難知易見者稍知自愛
決有不爲卽有犯者
國家猶得以官刑治之若難知者其心或私其

迹似公卽賢人君子有不免誤以爲是溺其中而不自覺焉國家以爲賢人君子也亦遂以其所爲是而不加察一倡羣和上好下甚其流之弊不至於毒天下禍人心不止也記曰百官者萬民之表也大臣者百官之倡也大臣正則百官正百官正則萬民莫敢不一於正而天下治矣此今日之所當講求者臣先年以言事觸忤張居正居正

即欲甘心於臣賴
陛下聖明臣得不死後居正乗臣鄉里私鬪移書
撫按欲以中臣致臣於死賴撫按諸臣
秉正自持臣又得不死今臣幸蒙起廢
洊陟卿秩中夜思惟
天恩高厚凡昔者不死之身皆
陛下生成之賜何愛一死而不勇往圖報以荅涓
埃之萬一哉今臣雖脫言責然効忠一
念猶不能已語曰大官不言故小官言

之今群疑積蠱中外臣民無不知其當
釋當禁而卒無有以其事言者得失患
於中而積威劫於外如南京吏科給事
中劉一相者固世所稱敢言任事之臣
也而吏部出之爲僉事自一相去而天
下益箝口卷舌矣知之者旣憚而不敢
不知者又肆而無忌臣而不言誰敢肯
爲
陛下言者臣感

恩圖報鼎鑊不避乃若名位得喪則已付之度外
矣臣干冒
天威下情無任激切隕越之至

南京尚寶司志卷之二十　四

胡用賓

萬曆十五年任南京尚寶司卿

公字晉卿直隸婺源人少負異質勵志聖修弱冠補邑諸生臺試俱第一時錄其文以爲都人士式名藉甚學宮執經及門者踵至不殊公趑市嘉靖巳酉薦鄉書卽從鄒文莊吕巾石諸君子遊透悟姚江良知之奥而不詭于紫陽宗旨每於躬行體驗處見之丁内艱蔬食廬墓者三年卽歸而

問父寢膳跡可數也登隆慶戊辰進士授樂清令以父耋留妻子侍養僅挾二蒼頭往日再食脫粟每公出裹飯蕭寺中人不知其爲官也常戴星出入至于興利剔蠹造士維風靡不殫慮樂人德之四載以召行檢俸餘僅十六兩行李瀟然士民涕泣攀留者載道潘簡肅公故有祠即潘祠祀公號二賢祠選南京湖廣道御史巡按江南獎廉去墨江甸風清事竣乞終養歸而

色養驩甚夜抱父足而臥偶失火恐父驚
悸詒以他故躬負之出不以室廬爲念父
歿哀毀骨立服除臺臣交薦詔起北臺尋
遷南尚寶司卿旣移通政司叅議五品四
年始遷南太僕少卿綜覈馬政多著茂績
抗疏乞骸特
旨晉太僕卿予致仕公至學本乎躬行務求孔門
一貫正脉其最著者在崇祀鄒文莊一疏
發明直切有功吾道所著有山間漫語觀

俗膚言行于世

蔡悉

萬曆二十七年任南京尚寶司卿

公名悉字士皆號肖謙南直合肥人由嘉靖己未進士司理楚常德廉明勸學著聲全楚甲子行取得南考功主政嚮學益篤未幾移病歸依依孺慕

穆廟補兵部尋改南驗封又歷功司適以母張安人病疏乞終養銓部檄令供職尋陞南祠郎因赴部途次請告明年改元萬曆中南

考功法降臨清州同前是江陵相屬意所知餌以美秩公正言辭忤致有此厰遂恬然課耕不赴臨清任逾年以兩尊人故乃赴補汝州同治聲大起士民依戀其年陞泉州郡倅履任督賦一剗夙弊合郡風動如在汝時甫半稔乞致仕歸其年外計吏江陵尤銜之公時承歡課學浸有著述古本大學解成後以南北省臺交薦部覆起用累陞南太僕寺丞任數月懇堂代題歸

養隨丁外艱哀毀成禮于時聞望日隆服未滿起原官疏乞致仕雖服闋而念毋不行再具疏請部覆依親侍養得

旨大喜賦詩述懷云進退難安始疏陳堂堂何幸渙

絲綸定期他日酬

明主且喜今朝慰老親菽水盡歡真在我簞瓢堪樂不求人莫言調爕非吾事白髮班衣正是春誦此詩公之孝思何如哉自是著中

庸解八陣圖議孝經正傳雅詩刪周易玩占諸書成公之道養益粹癸巳起光祿丞

義男齎疏辭部覆奉

旨前來供職公無如之何貽所親書曰子之道必不可行臣之義似不容已憧憧方寸誰知其勞蒼蒼在上亮加憐閔必無遺憾也遂赴任即日疏請改南升南光祿少卿將母到任未幾母病遂上送母還鄉疏奉太安人渡江不俟報可吏科疏參部覆免究尋

奉
神廟旨蔡悉免究自古求忠于孝今後大小官有
親老願求終養毋得一槩強起以示
朝廷體悉人情推廣孝治之意欽此公孝養愈篤
百爾承歡次年母九十稱壽懽甚未幾以
病逝公哀毀孺慕如喪司封公然比服滿
赴
闕授南尚寶司卿進古本大學解
世宗肅皇帝敬一箴解疏俱未下及履任申明侯

伯畫卯舊規署太常寺作協律箴贊禮箴
上因感効忠乞宣太和以昭
聖德疏與廬州守龔啟南南京備監及各衙門具
疏繪圖請停六安州開礦奉
聖旨凡係
皇陵來脉諸處俱不許開礦丁未六月六安獻白
兎公謂
皇上孝感所致既而以湖廣僉事馮應京書至議
条湖廣稅監與左堂李九我計上公疏未

叶自具疏且懇致仕時宰竟擬致仕
命下歸里羣情怏怏公益怡然後南戸科給事段
公然與北臺方公大鎮屢疏薦起公無起
意益究心講學所著草堂訓規演
聖諭六章作茅廬眞境記大學堂記聖師室記善
士堂記祀先祠親睦堂記蔡氏家約聖師
年譜程子闡知經大學定本大學問答蔡
子禮樂直指諸書諄諄開牖後學戊申具
疏進

高皇帝大學實錄程子大學錄大學經傳解奉
旨留覽公意懽然自賛圖像曰朝衣朝冠北面而
立猶思獻大學章句註乎豈謂會進古本
大學解
聖皇留中而覽乎思之思之天欲平治天下在吾
皇覽大學間耳
三朝終養老臣不惓惓而望乎嗚呼此可窺公孝
以移忠學可致用惜也前後阨于時猶致
崎嶇困頓于先而急流勇退于後雖微言

動乎

主知迄莫究乎平治之用公其如世道何哉所幸

著述具在足啟羣蒙

國朝理學名臣崛起江淮間不能舍公而他屬也

宗皐幸獲親炙不盡願慕聊爲撮具梗槩

如此

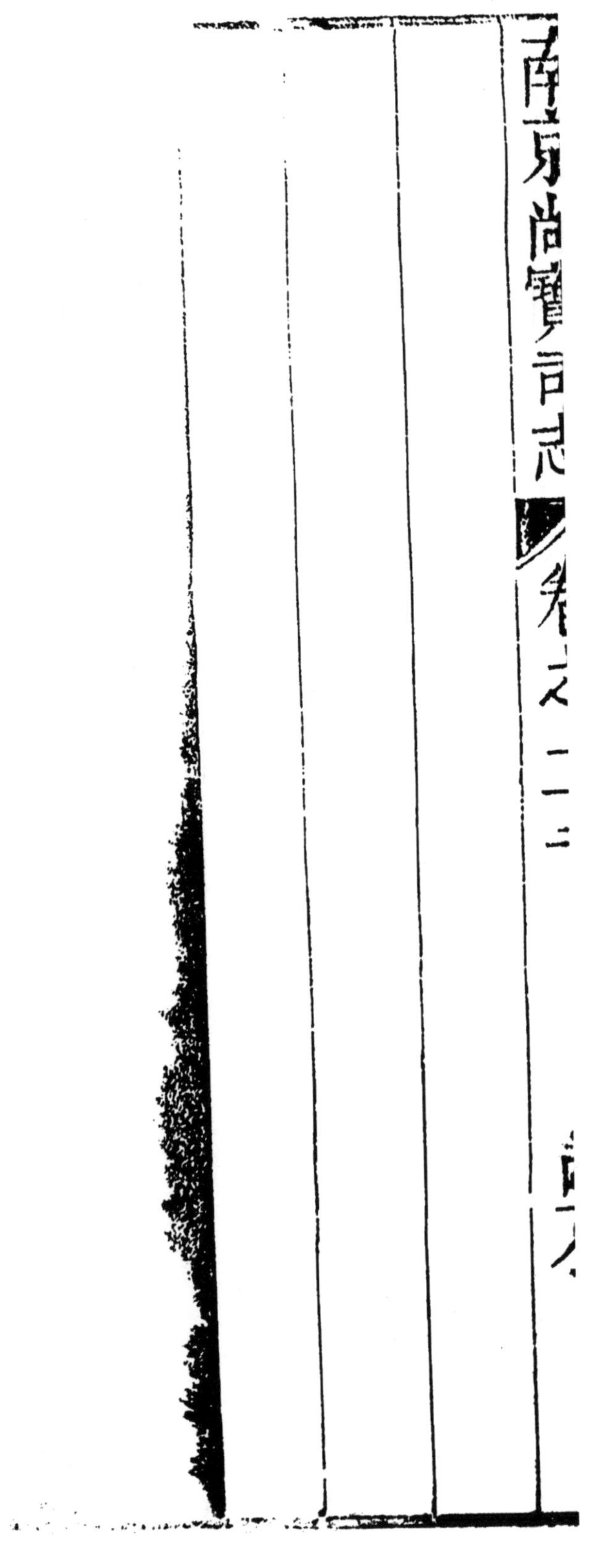

南京尚寶司志

李復陽

萬曆三十四年任南京尚寶司卿

公名復陽字宗誠別號元冲江西豐城人幼姿清慧垂髫屬舉子義多奇縣令徐公拔置龍光書院習業浸淫有聲庠序比長游袁州有教授孫先生者維揚人以理義學陶型袁士公進而叩之欣然曰是足以開舉業之聾瞶也自是計日造請孫先生語無不盡往來浹歲將旋邑又往叩之孫

曰學無多岐只發言制事時經心世俗理
義兩途如是俗念即屏之勿以見于言行
理義即充長之久久當成片段窮養達施
兩有益也公記其言歸而踐履彌謹舉業
益工萬曆巳卯雋于鄉是秋未北上壬午
往焉癸未遂捷授無錫尹錫賦繁俗侈人
競氣岸文獻甚盛公軀幹退然如不勝衣
初至邑人頗易之公以德性用事慈誠䁥
民甫半年而賦清俗和士民交誦縉紳起

敬然于世俗所炎趨者僅平平遇之弗克加意坐是有雌黄于當事者公處之恬然秩滿不與

内名長安翕有公評安有清真邑令可令廁足郎署間于是羣舉入銓曹公自視亦平平也第一意評騭人才勿問京外見必傾心就問問即登之手冊嘗語所知某無似幸于宇内才賢稍無隔閡云爾故在銓司藉藉著聲時以佐冢宰立亭孫公見麓蔡公銓

政稜稜多迕時宰未幾
神廟遂有考察首部科之命于是黄臺摘盡公與
焉恬然入里門修孝友行唯謹前後丁内
外艱服闋起南兵曹次轉本司所至隨宜
補捄惟恐弗給郎本司事簡無所自見然
且念官無蘧廬與李九我諸公謀所以剏
建者逾年而栢川橋住宅搆焉拳拳家事
相視至于今一椽一榱一柱礎誰非公貽
嘗遡思二百餘年誰爲計及此者是可窺

公用世之一班矣未幾遷北通參以去丁
神廟末年員乏日聽聽銀臺間以羸弱服勤勞未
數月病困京邸奄奄時尚語不肖皐士君
子心思每日夏周流宇内數四勿令坐稿
嗚呼是可窺公力學之主腦矣臨終尤念
孫先生不置身後諸子森然僅給衣食不
以先人燕貽清白爲悔是亦公之厚報云
天啓三年清和之吉南京尚寶司卿傅宗皐
識

沈瑜

任南京尚寶司司丞

公字廷美直隸上海縣人景泰四年癸酉科舉人公少而岐嶷居家孝友立朝以風節自持處僚友貞篤懇摯如飲醇醪不覺自醉也歷陞南京太常寺少卿其仲弟璐以成化己丑舉進士第四秉憲鄒魯間有廉直聲議者稱爲沈氏雙璧云

讃曰

於鑠我
祖闢乾御宇汛掃腥羶功高千古嗣有
文皇內難廓清
兩朝匡濟寔賴羣英維茲
符璽事有名卿厥後
北符職存
舊京凡此殊績貽榮簡冊高山仰止百世之澤

卷之二十終

南京尚寶司志跋

粤稽邃古之世結繩而治安所
事
符璽爲符璽之設則民僞漸滋而防
奸之術密也昉於周官典瑞之
職秦漢以還代有專官任綦重
已鴻惟我

太祖高皇帝秉籙御符區宇再造而
玉函金簡幾與日月爭光煌煌
聖謨倍蓰且劼固已流唐漂虞滌殷
蕩周漢晉而下瞠乎後矣若白
司庶府皆建署都城獨尚寶與
光祿列在
禁籞夫光祿以供玉食而尚寶則

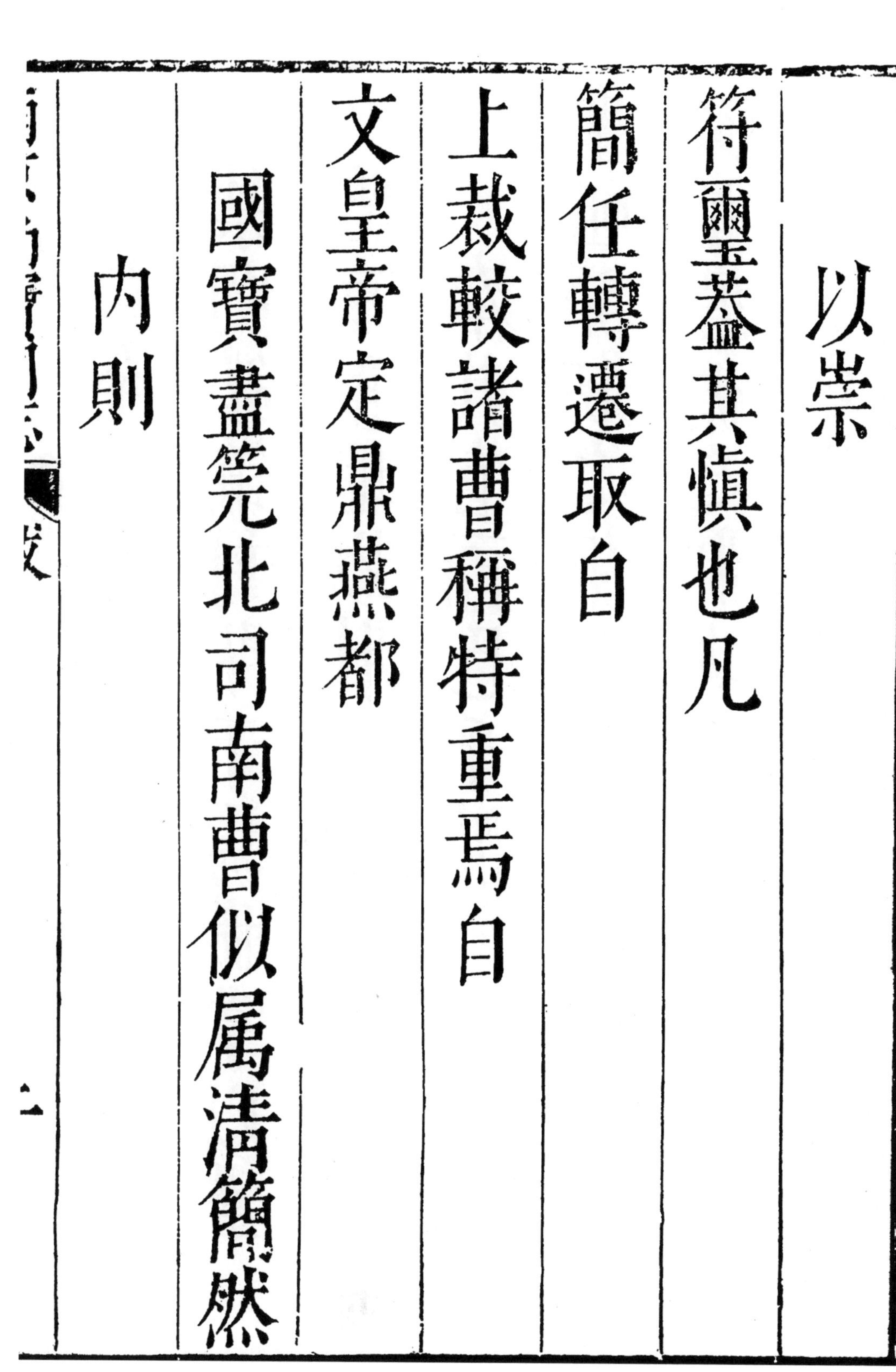

以崇
符璽蓋其慎也凡
簡任轉遷取自
上裁較諸曹稱特重焉自
文皇帝定鼎燕都
國寶盡筦北司南曹似屬清簡然
內則

宮闕金魚外則
禁門鎖鑰封閉于焉職掌以輦
陪京重地以壯江南保障豈碌碌
奉其官而已乎然
聖祖開剏之規
文皇遵循之制與夫職守之更張事
例之沿革禮儀俸餼之損益服

食宦蹟之臚分未有全志茲無可攷居是官者逌逌興慨于文獻之無徵而廑慮于典章之未備雖前任諸公間有條則題于署壁覩殘書剩墨僅存蝸蠹之遺嗟世遠言湮將有亥豕之謬朝常無可考核胥史因以行奸

關繫體統詎尠少哉歲在辛酉
今天子龍飛御極百職肇修羣工熙
載恭遇纂修
神廟
光廟兩朝實錄採取各署著故實以備
史館採擇于時
司堂傳宗師謂信今傳後千載一

時揄頌
聖德又安能已乃司志缺如上無以
闡繹
二帝之鴻猷下無以徵信司署之典故符卿急務孰大于是顧不知宿之謭陋委以綱羅前聞搜括近事彙萃成志以應實錄之參

稽竊惟宿先臣嘗厠三事之末

備于宣之司世受

國恩敢虛付託受事以來夙夜氷

兢殞越是懼竭其管蠡用緝成

書凡舊典之昭垂者罔敢缺略

卽新政之敷布者務用增修雖

愧良史三長勉竭駑蒐一得于

以徵
傅宗師仰副
皇上覿揚之至意俯垂後來率由之
成規俾符臺紀載奕世彌光卿
月鴻名永耀無替宿且蟋蟀迫
秋吟而成序蒼蠅附驥尾而致
遠矣榮藉寧有既乎梓既竣謹

識歲月用備採收云爾

天啟三年歲在癸亥仲夏吉日

雲間潘煥宿謹書

潘氏煥宿

壬戌進士